Bobby Schenk Astronavigation

Bobby Schenk

ASTRO NAVIGATION

ohne Formeln –
praxisnah

Delius Klasing Verlag

ISBN 3 – 7688 – 0259 – 0

© Copyright by Delius, Klasing & Co, Bielefeld
Zeichnungen: Götz-Peter Thiele
7. Auflage
Printed in Germany 1988
Druck: Meyer & Beckmann GmbH, Halle/Westf.

Die im Anhang beigefügten Tafeln 5 bis 10 sind entnommen
dem Nautischen Jahrbuch und erscheinen mit freundlicher
Genehmigung des Deutschen Hydrographischen Instituts, Hamburg.

Inhaltsverzeichnis

Vorwort

Lange wurde die astronomische Navigation als „Geheimwissenschaft" angesehen – mit gutem Grund. Denn vor der Erfindung des Computers, mit dem Vorausberechnungen gemacht werden können, war es keine bequeme Sache, astronomisch zu navigieren, und auch nach Erfindung des Chronometers wäre die genaue Uhrzeit für den Yachtsegler ein Problem gewesen, bis das Zeitzeichen kam. Auch gab die Beschränkung des Wissens über die Navigation auf den langen Reisen früherer Zeiten eine gewisse Sicherheit gegen Meuterei, denn wie sollte Jan Maat das Schiff irgendwo hinbringen?

Es ist merkwürdig, wie lange solche Vorstellungen sich halten, auch wenn sie gänzlich überholt sind. Denn die im Laufe der Entwicklung eingeführten Erleichterungen, zu denen zu seiner Zeit auch das Semiversus-Verfahren gehörte – man sollte es gerechterweise nicht „berüchtigt" nennen –, hätten astronomisches Navigieren schon viel früher zum Allgemeingut des Yachtseglers werden lassen können; einmal macht es irgendwie Spaß, und zum anderen ist es selbst in der Ostsee durchaus nützlich. Auch schont es im Gegensatz zu der geräuschvollen und oft etwas hektischen Funkpeilerei die Nerven und ist mindestens ebenso genau. Doch hier: jedes zu seiner Zeit! Das Bedürfnis, der Astronavigation den Mythos zu nehmen, haben schon eine ganze Reihe von Autoren verspürt.

Keinem und keiner aber ist das – nach meiner Meinung – so gut gelungen wie „Bobby" Schenk, der seinen Weg mit bisher nicht gekannter Konsequenz gegangen ist. Ich führe das auch auf die schmerzhaften Gehirnsknoten zurück, die ihm das Erlernen der astronomischen Navigation zum leidvollen Erlebnis werden ließen, was ich ihm als mathematisch unterentwickelter Schüler einer humanistischen Lehranstalt lebhaft nachempfinden kann. Wir wollen Bobby Schenk dadurch für seine Mühe und Gedankenarbeit danken, daß wir öfter einmal zum Sextanten greifen und uns dabei freuen, daß einer uns die Arbeit so sehr erleichtert hat. Ihm aber wünschen wir immer die richtigen Sterne und ein zutreffendes Azimut.

Mariehamn, 4. 7. 1977   H. Rösing

Einführung

Mein eigener Weg in die Astronavigation war dornenreich. Mit Semiversusformel, Logarithmentafeln und sphärischer Trigonometrie mußte ich mich herumschlagen, um erst im Laufe einer fast vierjährigen Weltumsegelung zu merken, wie viel geistiger Ballast sich da angesammelt hatte. Letztlich kommt es doch nur darauf an, mit Hilfe der Gestirne den Schiffsort festzustellen. Hierzu bedarf es aber wenig geistigen Handwerkszeugs. „Wenn meine Frau mit ihrem Auto zum Einkaufen fährt, braucht sie nicht die Funktionsweise eines Viertakters zu kennen", stimmte mir der befahrene Hochseesegler H. Rösing zu. Ein Urteil aus berufenem Munde, denn dieser Segelfreund ist „im Hauptberuf" immerhin ein leibhaftiger Admiral der Bundesmarine.

Aus dieser Erkenntnis heraus veröffentlichte die größte deutsche Segelzeitschrift YACHT eine Serie, die den Lesern zeigen sollte, wie einfach sich das „Rätsel" der Astronavigation lösen läßt. Das begeisterte Echo aus dem Leserkreis übertraf alle Erwartungen und gab letztlich den Anstoß zu diesem Buch.

Gleichgeblieben gegenüber der Artikelserie ist die Grundidee: Beim Leser wird kein spezielles Wissen vorausgesetzt. Der Stoff beschränkt sich streng darauf, was für die Bordpraxis wichtig ist.

Zusätzlich ist es aber im Rahmen eines Buches möglich geworden, in gleich einfacher Weise nicht nur Mond, Planeten, Fixsterne und astronomische Kompaßkontrolle zu behandeln, sondern auch großzügig den angebotenen Stoff mit Beispielen aus der Praxis zu würzen, die mit Hilfe der beigegebenen Navigationsunterlagen wie in der Navigationsecke an Bord gelöst werden können.

Günter Hommer, erfahrener Hochseesegler und Segelschulleiter, hat zahlreiche Ideen und Übungsaufgaben beigesteuert. Nach gewissenhaftem Durcharbeiten des Buches wird der Leser in der Lage sein, auf hoher See seinen Standort mit Hilfe der Gestirne festzustellen. Wenn es sein muß, wird er auch eine C-Schein-Prüfung im Fach „Astronavigation" bestehen.

Hoffentlich bleibt dann aber auch ein wenig Ehrfurcht für das „Wunder" dieser Kunst übrig. Das unbegreifliche Wunder, das darin besteht, daß ein winziger Lichtfleck in der unendlichen Weite des Weltalls dem Skipper auf seinem einsamen Weg über die Meere erzählen kann, wo er sich gerade befindet.

Juli 1977   *Bobby Schenk*

Anmerkung und Dank zur 2. Auflage
Daß die 2. Auflage schon nach wenigen Monaten notwendig wurde, beweist, daß Harald Schwarzlose, Chefredakteur der YACHT, recht hatte, als er mich von Anfang an bestärkte, den Lesern Astronavigation in dieser Form nahezubringen.

Dezember 1977   *Bobby Schenk*

Anmerkung zur 6. Auflage
Gegenüber früheren Auflagen wurde zum einen die Bezeichnung für die Zeit geändert (früher Greenwichzeit, heute Weltzeit). Zum anderen wurden die Übungsbeilagen aus dem Nautischen Jahrbuch 1977 mit der heute üblichen Kopfleiste versehen und die entsprechenden neuen Abkürzungen und Formelzeichen auch in das Buch selbst übernommen. Im übrigen aber sind die Beilagen aus dem Nautischen Jahrbuch unverändert und damit die Rechenbeispiele aus der 1. Auflage. Im Unterricht können deshalb weiterhin verschiedene Auflagen dieses Buches nebeneinander benutzt werden.

Januar 1986   *Bobby Schenk*

I. Grundkenntnisse werden nicht vorausgesetzt

Astronavigation ist eine überaus einfache Sache, die keine besondere Intelligenz verlangt, sondern nur gesunden Menschenverstand à la Gustaf. Um astronomisch navigieren zu können, ist praktisch nicht mehr Wissen nötig, als in der Grundschule vermittelt wird. Kenntnisse in Trigonometrie oder gar sphärischer Trigonometrie sind heute überflüssig. Der berühmte Bernard Moitessier zum Beispiel

weiß nicht, was ein Sinus oder ein Tangens ist, und doch wird ihm wohl niemand die Qualifikation zu einem hervorragenden Navigator absprechen können. Eigentlich ist Astronavigation nicht schwieriger als Navigation in Küstennähe. Eher leichter – denn ohne weiteres ist es möglich, eine Huk mit der anderen zu verwechseln, was einem wohl mit Sonne und Mond nicht passieren kann.

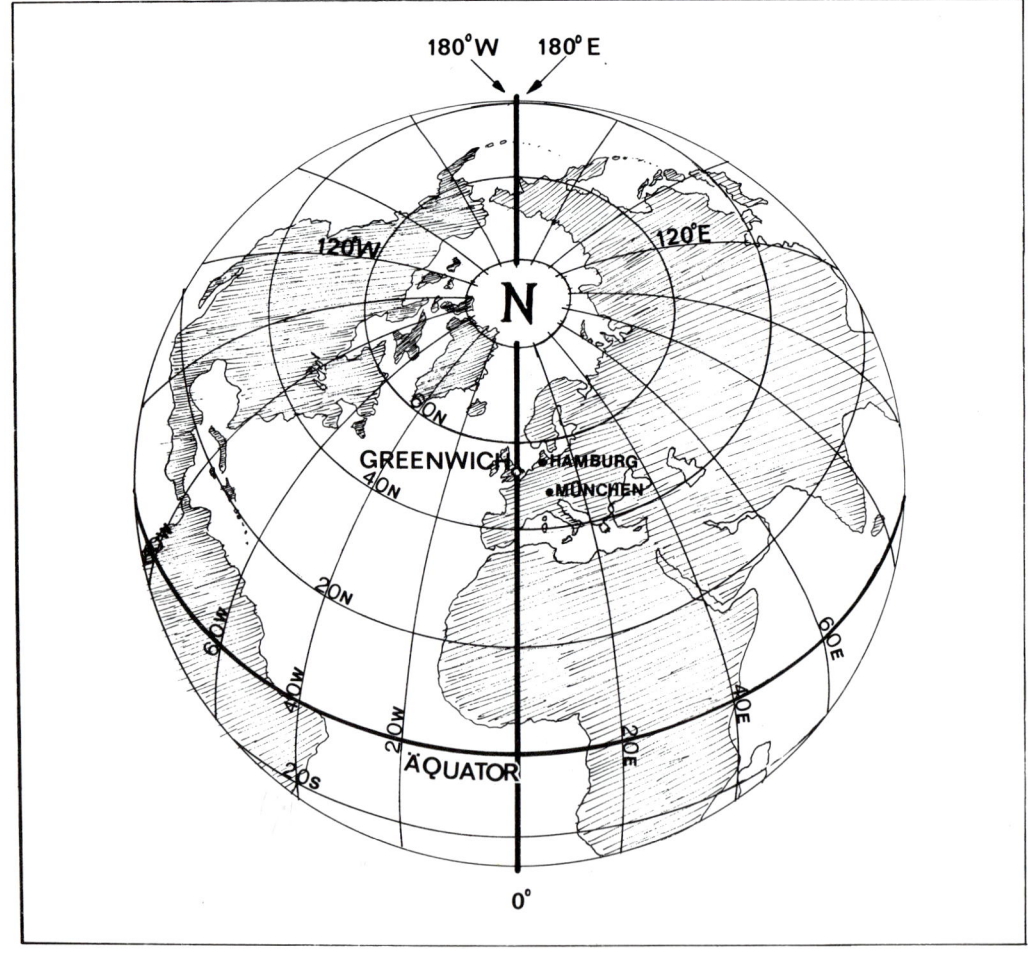

Das Koordinatensystem der Erde besteht aus Längen- und Breitengraden. Der Äquator ist der „nullte" Breitengrad. Von ihm aus werden je 90 Breitengrade zum Südpol und zum Nordpol gezählt. Der Südpol liegt also auf „90° S" und der Nordpol auf „90° N".
Alle Längengrade verlaufen zwischen den beiden Polen. Der 0. Längengrad läuft genau durch die englische Stadt Greenwich. Die Längengrade werden sodann vom Greenwicher Längengrad nach Westen (Richtung Amerika) als westliche Längengrade und von Greenwich aus nach Osten (Richtung Rußland) als östliche Längengrade gezählt. Insgesamt gibt es 360 Längengrade. Der 180. Längengrad (bei Fidschi, also genau auf der „anderen" Seite von Greenwich) ist somit sowohl 180° W als auch 180° E (in der Navigation schreibt man für Osten lieber die Abkürzung E = East, um Verwechslungen mit der Ziffer „0" zu vermeiden).

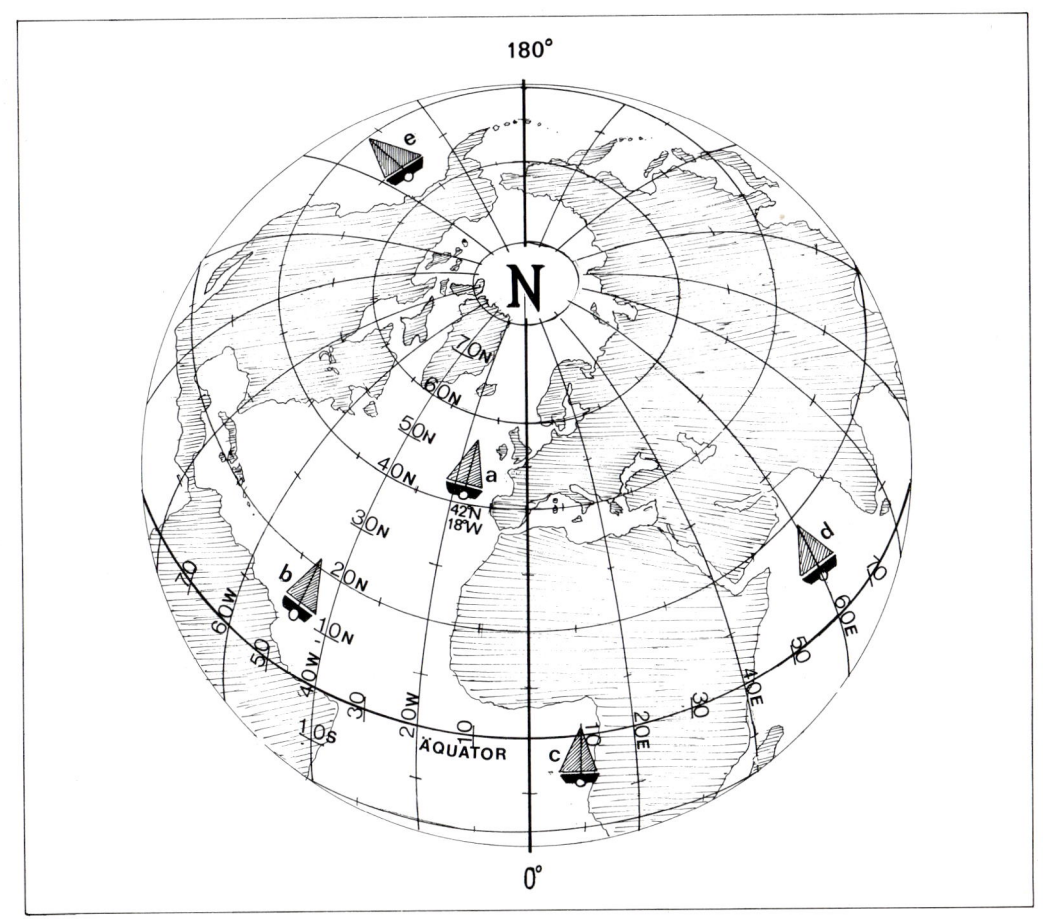

9

Üblicherweise wird die Breitenkoordinate immer zunächst genannt, so daß Punkt a in der Zeichnung von Seite 9 auf 42°N, 18°W liegt.

Aufgabe: Notieren Sie die ungefähren Koordinaten der Punkte b/c/d/e von Seite 9 auf einem Blatt Papier.

Dieses Koordinatensystem muß man sich gut einprägen, denn damit müssen wir uns in der astronomischen Navigation immer herumschlagen. Wie wir später noch sehen werden, spielt sich die gesamte astronomische Navigation auf der Erdoberfläche ab. Es ist deshalb nicht nötig, in drei Dimensionen zu denken, eine Angst, die schon viele abgehalten hat, in diese Sache „einzusteigen".

Jeder Längengrad besteht aus 60 Längenminuten. Jeder Breitengrad besteht aus 60 Breitenminuten. Das ist wichtig beim Addieren und Subtrahieren.

$$
\begin{array}{r}
\text{Beispiel:} \quad 4° \, 36' \\
+ \; 12° \, 42' \\
\hline
16° \, 78'
\end{array}
$$

Da die 78′ einen ganzen Grad von 60 Minuten enthalten, lautet das Ergebnis dieser Addition:

$$
17° \, 18'
$$

Ergibt sich bei einer Addition von Längen- oder Breitengraden eine Summe von über 360°, so werden 360° abgezogen.

$$
\begin{array}{r}
\text{Beispiel:} \quad 94° \\
+ \; 312° \\
\hline
= \; 406° \\
- \; 360° \\
\hline
= \quad 46°
\end{array}
$$

Ist das Ergebnis bei der Subtraktion ein Minuswert, so „leiht" man sich die 360° (einen ganzen Kreis).

$$
\begin{array}{r}
\text{Beispiel:} \quad 112° \\
- \; 220° \\
\hline
= -108° \\
+ \; 360° \\
\hline
= \; 252°
\end{array}
$$

Warnung: 99 % aller Fehler passieren beim Rechnen mit Zeit- oder Winkeleinheiten. Deshalb „so penibel wie ein Buchhalter rechnen"!

Auf der Zeichnung (Seite 8) sieht man gut, daß die Längenminuten und -grade in Polnähe viel kleiner sind als beim Äquator. Die Breitenminuten und -grade dagegen sind auf der ganzen Welt gleich. Deshalb lassen sich auch die Breitenminuten und Breitengrade ganz gut als Maßsystem für die Seefahrt benutzen, was tatsächlich mit der Seemeile geschehen ist, die genau eine Breitenminute lang ist. Der Abstand von einem Breitengrad zum anderen ist deshalb überall auf der ganzen Welt 60 Seemeilen.

Die Koordinaten von b, c, d, e in der Zeichnung (Seite 9) lauten:

b: 10° N,   47° W
c: 8° S,   10° E
d: 10° N,   60° E
e: 54° N, 145° W

Berechnen Sie:

1) 122° 49'	2) 212° 10'	3) 84° 49'
+ 84° 29'	− 90° 44'	+ 312° 14'
4) 22° 25'	5) 289° 39'	6) 310° 37'
− 84° 28'	+ 16° 59'	+ 249° 48'
7) 29° 24,8'	8) 22° 24,4'	9) 239° 13,9'
+ 44° 12,9'	− 28° 40,8'	+ 188° 00,7'

Achtung: Zwar besteht 1 Winkelminute aus 60 Sekunden. In der Navigation ist es aber üblich, Bruchteile von Minuten in 1/10-Minuten anzugeben (Beispiele 7 bis 9).

Zwei „Erkenntnisse" erleichtern das Hineindenken in die astronomische Navigation:

Vergessen wir eine Zeitlang, was Schule und Kopernikus gelehrt haben. Für uns dreht sich die Sonne um die Erde. Im Osten taucht sie frühmorgens am Horizont auf, steigt langsam, steht in unseren Breiten mittags auf dem höchsten Punkt ihrer Bahn genau im Süden und geht abends hinter der westlichen Kimm unter.

In der astronomischen Navigation wird nur mit der Weltzeit eins (UT1) gearbeitet.

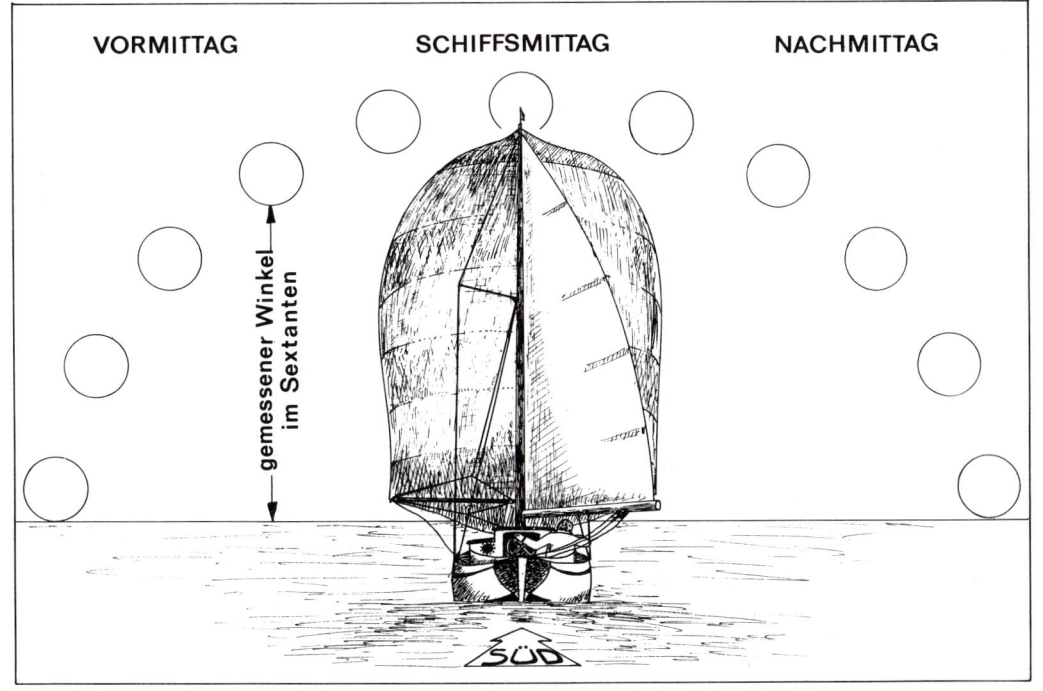

| VORMITTAG | SCHIFFSMITTAG | NACHMITTAG |

gemessener Winkel im Sextanten

SÜD

Sie ist genau:

> mitteleuropäische Zeit
> minus eine Stunde
> oder
> deutsche Sommerzeit
> minus zwei Stunden

Also zum Beispiel 12.00 Uhr MEZ = 11.00 UT1.

Die Weltzeit eins (abgekürzt „UT1" von Universal Time One) ist praktisch identisch mit der früher gebräuchlichen mittleren Greenwichzeit. Sie entspricht der englischen Normalzeit, so daß wir die Zeitansage von BBC nicht mehr umzurechnen brauchen. Alle nautischen Unterlagen, die wir benötigen, beziehen sich auf UT1.

Vergessen wir also alles, was wir so an Halbwissen angespeichert haben über wahre Ortszeit, mittlere Ortszeit, Zonenzeit oder gar über den Datumssprung. Gerade letzterer hat zum Beispiel meinen geistigen Weg in die astronomische Navigation blockiert, weil ich ihn einfach nicht begriffen habe. Dabei war die Aufregung ganz unnötig, denn: am 28. 8. – beim Zwölf-Uhr-Schlag vom Big Ben in London – ist es und bleibt es der 28. 8., gleichgültig, ob Beate Kammler beim Überfahren der Datumslinie vor Fidschi die 19. oder die 20. Pille nimmt. Den Big Ben läßt dies nämlich kalt.

In der Navigationsecke gibt es nur die Weltzeit eins.

Ergebnisse von Seite 11:

1) 207° 18'	2) 121° 26'	3) 37° 03'
4) 297° 57'	5) 306° 38'	6) 200° 25'
7) 73° 37,7'	8) 353° 43,6'	9) 67° 14,6'

III. Eine Winkel-messung bringt die Standlinie

So, jetzt gleich einen Blick in die Praxis! Halt, eines noch. Dieses kompliziert aussehende Statussymbol, das aus einem gewöhnlichen Segler einen „Skipper", „Käpt'n" oder „Navigator" macht, nämlich der Sextant, ist nichts anderes als ein Instrument, mit dem man einen Winkel messen kann, je nach Qualität bis zu einer Winkelminute (60. Teil eines Grades) genau.

Zum Lernen reicht ein billiger Plastiksextant gerade noch, für den Ernstfall taugt er nichts, zumal Messungen mit ihm schwieriger sind. Steht man noch vor dem Kauf, so suche man nach einem Trommelsextanten mit Beleuchtung und höchstens vierfachem Fernrohr. Sonst kein Sonderzubehör wie Libelle etc.!

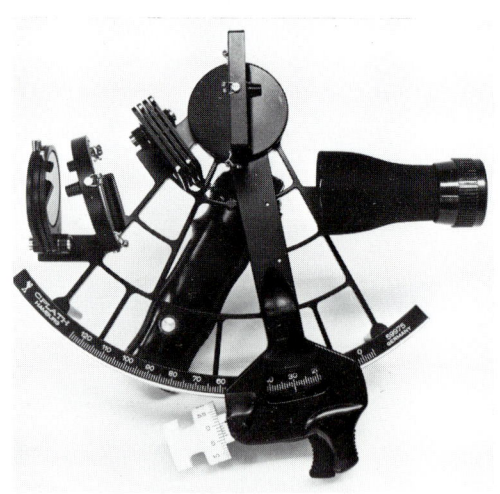

**Die Abstandsmessung
in der Küstennavigation ist das Prinzip
der Astronavigation**

Das Prinzip der Astronavigation läßt sich recht einprägsam am bekannten Beispiel

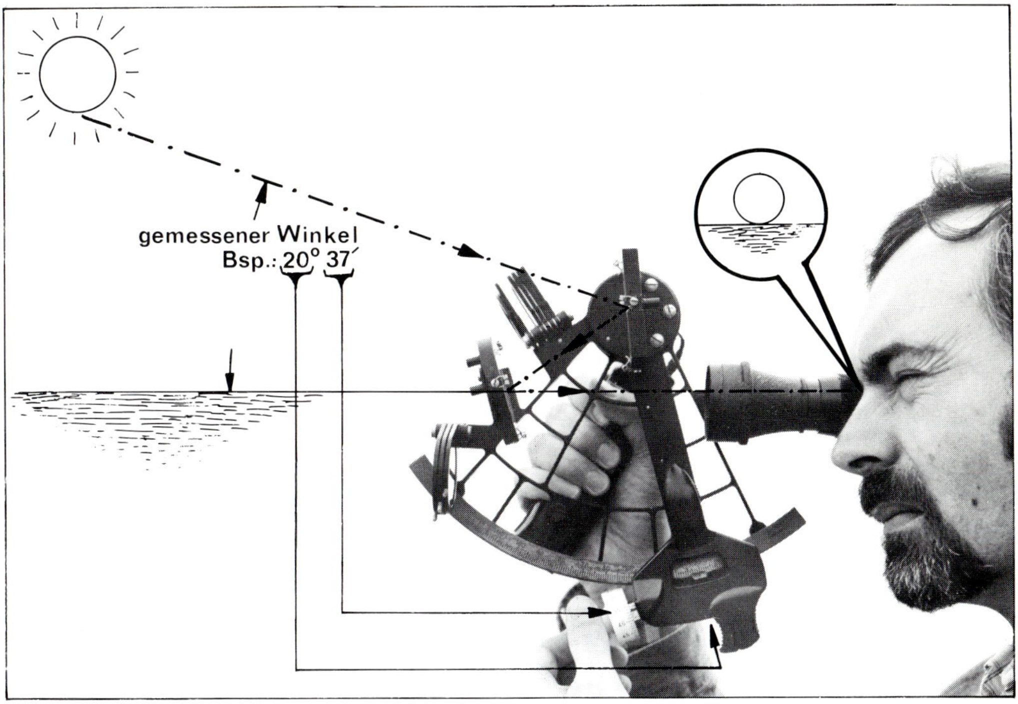

gemessener Winkel
Bsp.: 20° 37′

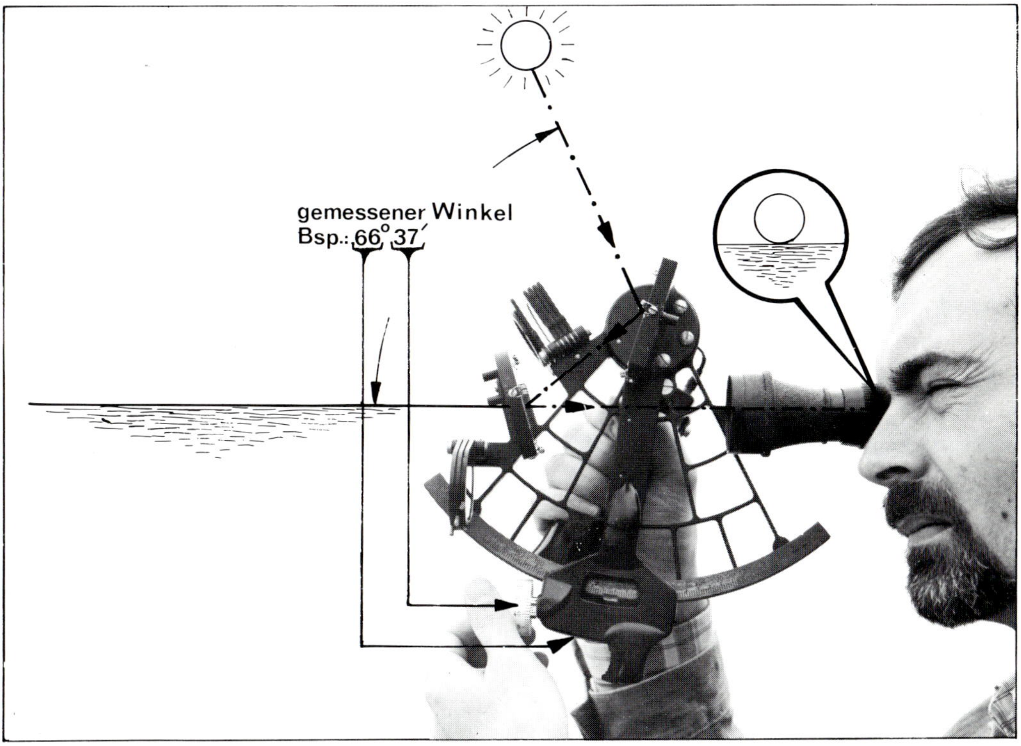

gemessener Winkel
Bsp.: 66° 37′

des Höhenwinkels aus der Küstennavigation erklären. Ständig diesen Vergleich vor Augen, löst sich das vermeintliche Rätsel der Astronavigation auf einfachste Art. Angenommen, wir segeln an einer Küste entlang und wollen die Entfernung zu einem Leuchtturm feststellen, um den Felsen, die unmittelbar vor dem Leuchtturm im Fahrwasser liegen, auszuweichen. Mit dem Sextanten wird dazu ganz einfach der Winkel „Spitze des Leuchtturms – Beobachter – Strandkimm" gemessen.

Es ist wichtig, nicht etwa den Winkel zwischen Spitze und Fuß des Leuchtturms, sondern tatsächlich die Strandkimm zu messen, da im Leuchtfeuerverzeichnis die Höhe immer auf die Grenze zwischen Wasser und Land bezogen ist. Es bedarf sicher keiner besonderen Intelligenz, um sich auszumalen, daß ein bestimmter Winkel im

Sextanten nur bei einer ganz bestimmten Entfernung vom Leuchtturm gemessen werden kann. Ist die Yacht näher am Leuchtturm dran, müßte der Navigator mehr zur Leuchtturmspitze aufsehen, der Winkel wäre als größer. Wäre die Yacht etwas weiter entfernt, müßte der Navigator im Sextanten logischerweise einen kleineren Winkel gemessen haben.

Daß sich deshalb aus Winkel im Sextanten und Höhe des Leuchtturms über dem Strand (die im Leuchtfeuerverzeichnis steht) die Entfernung des Navigators zum Leuchtturm berechnen läßt, ist klar. Mit dem Wissen eines Oberschülers in Trigonometrie könnten wir die Formel hierfür leicht selbst ableiten. Aber wozu? Wir wollen ja nach Möglichkeit allen Formeln aus dem Weg gehen. Deshalb reicht es für uns zu wissen, *daß die Entfernung berechnet*

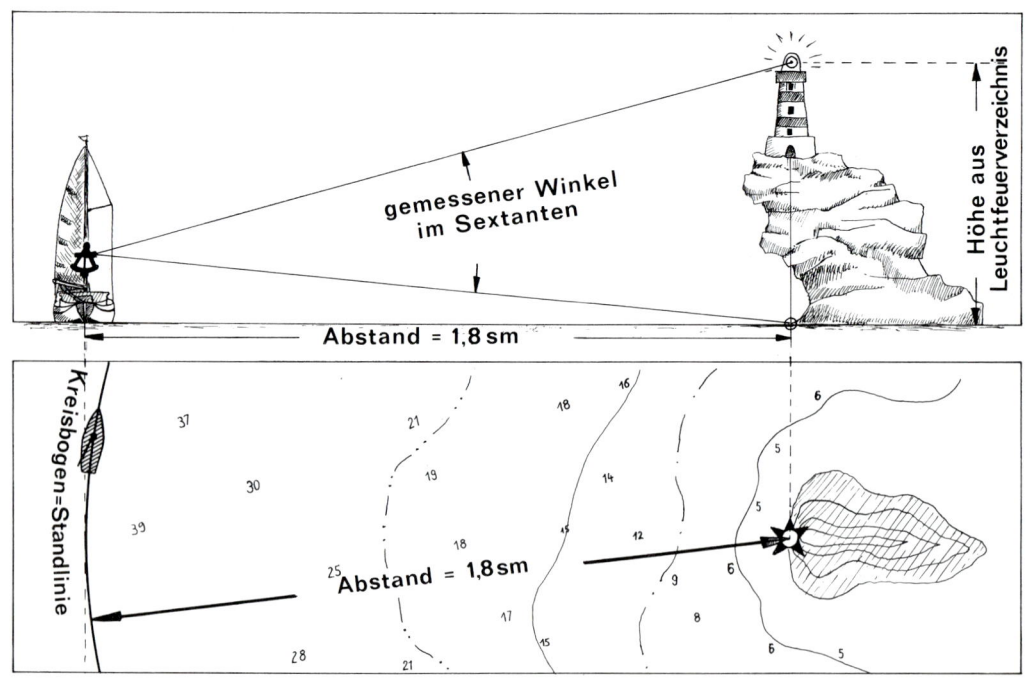

werden kann. Wen diese bekannte Formel aber trotzdem interessiert, sehe in der Fußnote nach.*)

Es leuchtet ein, daß wir aus der Entfernung eine sogenannte Standlinie, also ganz einfach eine Linie, auf der sich unser Schiff befindet, erhalten. Wir müssen hierzu nur die berechnete Entfernung, also beispielsweise 1,8 Seemeilen, in den Zirkel nehmen, diesen auf der Karte beim eingezeichneten Leuchtturm ansetzen und einen Kreis schlagen.

So primitiv und einfach sich dieser Vorgang für manchen darstellt, insbesondere für stolze BR-Schein-Inhaber, so ist er doch für uns von ganz enormer Wichtigkeit. Denn genau nach diesem Prinzip funktioniert letztlich die gesamte astronomische Navigation.

Deshalb nochmals durchdenken: Aus Höhe des Feuers über der Strandkimm, Winkel im Sextanten und Position des Feuers bekommen wir die Entfernung vom Feuer und damit einen Kreis als Standlinie. Nun einen Schritt weiter:

Die Yacht ist nicht 1,8 Seemeilen, sondern zum Beispiel 18 Seemeilen vom Leuchtturm entfernt. Dann passiert etwas, was zahlreiche Lehrbücher schlechthin ignorieren: Von der Yacht aus kann der Strand gar nicht mehr gesehen werden, weil er von der Erdkugel selbst verdeckt wird. Der Winkel „Leuchtfeuer – Navigator – Strand"

---

*) Es handelt sich um die bekannte Formel aus der terrestrischen Navigation:

Abstand in Seemeilen =

$$\frac{13 \times \text{Höhe des Feuers ü. d. Wasserlinie in m}}{7 \times \text{Winkelminuten}}$$

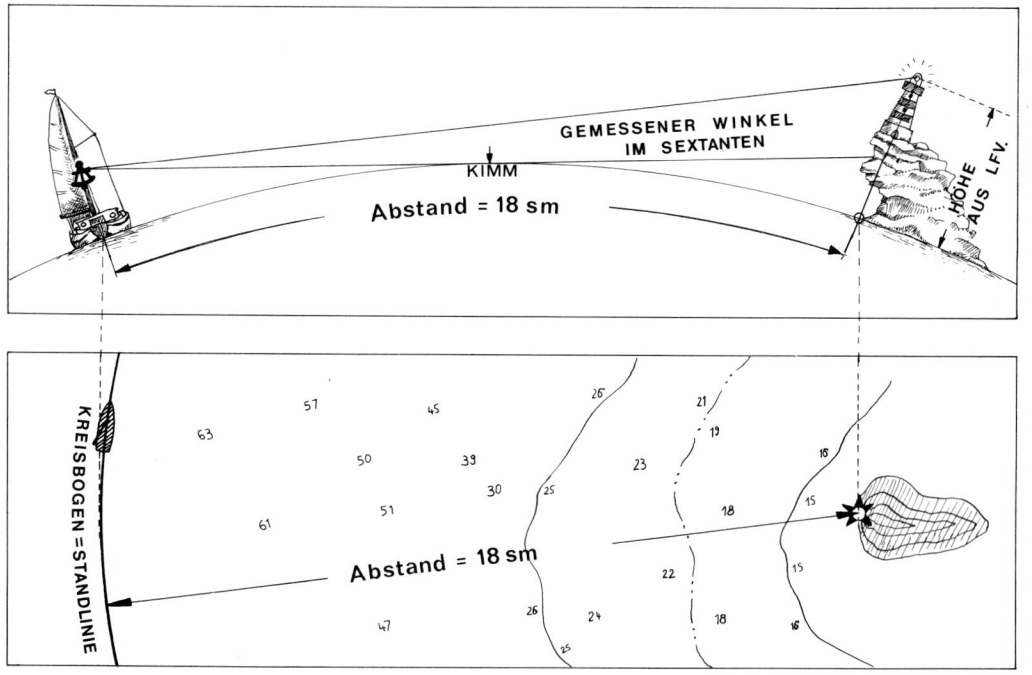

kann also gar nicht mehr gemessen werden, sondern nur noch der Winkel „Leuchtfeuer – Navigator – Kimm". Wann der Strand nicht mehr gesehen werden kann, hängt von der Augeshöhe des Navigators ab. Bei einer bei Yachten üblichen Höhe von zwei Metern ist das schon bei einer Entfernung von etwas mehr als zwei Seemeilen der Fall.[1]

Es läßt sich aber auch jetzt noch vorstellen, daß selbst unter diesen Umständen bei einem bestimmten Winkel im Sextanten nur eine ganz bestimmte Entfernung vom Leuchtturm gegeben ist. Ist die Yacht 18 Meilen entfernt, so ist der Winkel im Sextanten dabei kleiner, als wenn sie nur 5 Seemeilen entfernt wäre. Genauso wie im ersten Fall kann aus dem Winkel und der Höhe des Leuchtturms über der Strandkimm die Entfernung berechnet werden,

allerdings nicht auf die einfache Art wie oben.[2]

Der weitere Arbeitsgang ist der gleiche wie im ersten Beispiel. Die Entfernung wird berechnet und in den Zirkel genommen. Dieser wird genau in dem Punkt, wo in der Karte der Leuchtturm eingezeichnet ist, angesetzt und ein Kreis geschlagen. Ergebnis: die Standlinie.

---

[1] Abstand Navigator – Kimm =
2,1 x $\sqrt{\text{Augeshöhe in Meter}}$

[2] Abstand in Seemeilen =
$\sqrt{3,71 \, (H\text{-}Ah) + (W\text{-}1,76 \, \sqrt{Ah})^2} - (W\text{-}1,76 \, \sqrt{Ah})$
wobei H = Leuchtturmhöhe in Meter; Ah = Augeshöhe in Meter; W = Sextantwinkel in Minuten. Aufgrund der terrestrischen Lichtbrechung führt diese Formel zu Ergebnissen, die bis zu 10 % von der tatsächlichen Entfernung abweichen können.

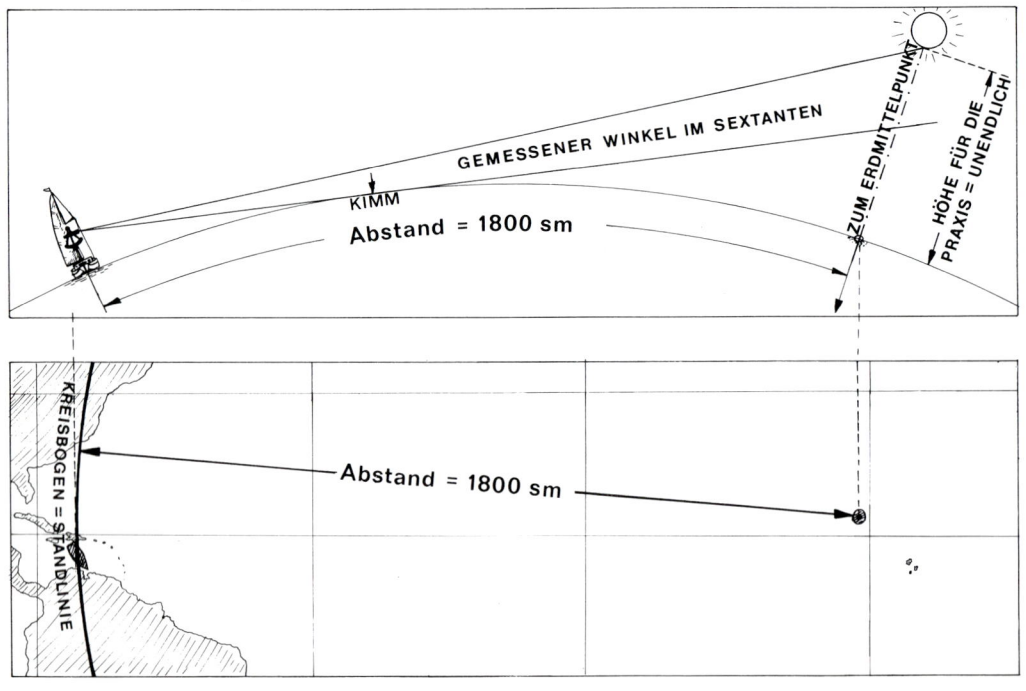

IV. Der Bildpunkt – der Schlüssel zum „Geheimnis"

Stellt man sich nunmehr die Spitze des Leuchtturms als Sonne, Mond oder ein sonstiges Gestirn vor, so ist man mitten in der astronomischen Navigation. Wiederum werden benötigt:

● der gemessene Winkel,
● eine Position in der Seekarte, um die der Kreis mit der Entfernung geschlagen werden kann.

Was aber ist mit der „Höhe" des Gestirns entsprechend der Leuchtturmhöhe?
Um diese Größe können wir die ganze Angelegenheit vereinfachen. Die Höhe, also die Entfernung Erdoberfläche – Gestirn, braucht nicht berücksichtigt zu werden, da ausreichend genau gesagt werden kann:

● Die Gestirne befinden sich im Unendlichen.

Unklar ist aber nun, welcher Punkt in der Karte verwendet werden soll, um den Zirkel einzusetzen, also die Position des Gestirns. Bleiben wir noch einmal beim Leuchtfeuer. Würden wir oben von der Spitze des Leuchtturms zum Erdmittelpunkt eine senkrechte Linie ziehen (ein Lot fällen), so würde diese Linie, wenn wir nicht gerade den schiefen Turm von Pisa als Beispiel gewählt haben, genau an dem Punkt auf die Erdoberfläche treffen, wo sich das Fundament des Leuchtturms befindet und wo seine Position auch exakt in die Karte eingezeichnet ist. Das gleiche macht man mit den Gestirnen in der Astronavigation. Der Punkt, an dem eine gedachte Linie zum Erdmittelpunkt die Erdoberfläche durchsticht, ist analog zum Fußpunkt des Leuchtturms der „Bildpunkt".
Diese gedankliche Einrichtung ist schlechthin der Schlüssel zum Geheimnis der Astronavigation. Mit seiner Hilfe wird erreicht, daß die Position eines Gestirns, das sich irgendwo im Unendlichen im Weltall befindet, mit ganz gewöhnlichen Erdoberflächen-Koordinaten angegeben werden kann: Angenommen, die Wolkendecke würde eine so kleine Öffnung freilassen, daß zufällig nur ein einziger Sonnenstrahl durchleuchtet, und dieser würde genau Richtung Erdmittelpunkt strahlen, dann würde er beim Auftreffen auf die Erdoberfläche genau den Bildpunkt der Sonne beleuchten. Oder: Ist die Sonne so genau über einer Yacht, daß ein senkrecht stehender Mast kein bißchen Schatten mehr wirft, ist die Schiffsposition genau auf dem Sonnenbildpunkt. Natürlich nur für einen ganz kurzen Moment, denn die Sonne steht ja nicht den ganzen Tag über ein und derselben Position auf der Erdoberfläche.

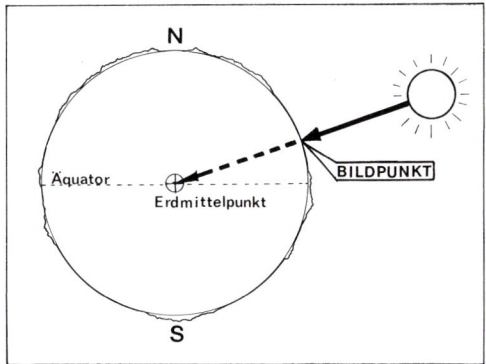

Wir wissen, daß sie sich genau einmal in 24 Stunden um die Erde dreht, ihr Bildpunkt deshalb mit ihr in Jetgeschwindigkeit um die Erde von Osten nach Westen rast. Nun beginnen wir auch zu ahnen, warum für die Astronavigation die genaue Uhrzeit von so enormer Wichtigkeit ist. Immerhin beträgt ja die Bildpunkt-Geschwindigkeit die ca. anderthalbfache Schallgeschwindigkeit. So rast der Bildpunkt beispielsweise am 11. 6. 1977 in wenigen Stunden über den Atlantik in Richtung Amerika hinweg.

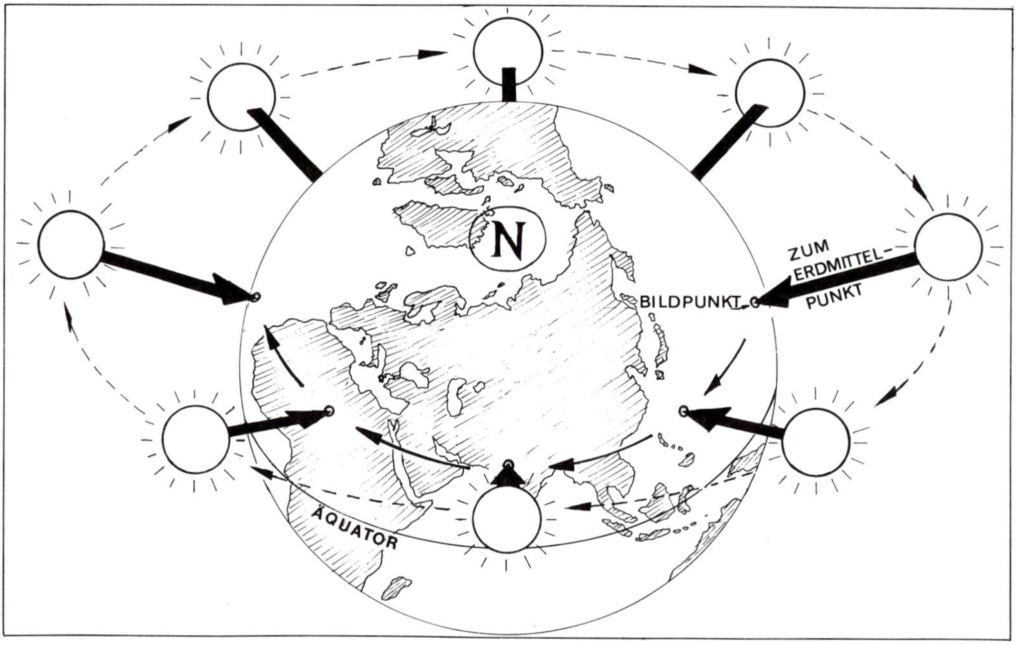

Wollen wir später einen Kreis mit der Entfernung Bildpunkt – Beobachter um den Bildpunkt schlagen, so muß selbstver-

ständlich die Position des Bildpunktes nach Breite und Länge im Zeitpunkt der Messung genau bekannt sein.

Das ganze hört sich viel schwieriger an, als es wirklich ist. Denn die Position aller Gestirne ist für jede Sekunde eines bestimmten Tages im „Nautischen Jahrbuch" (abge-

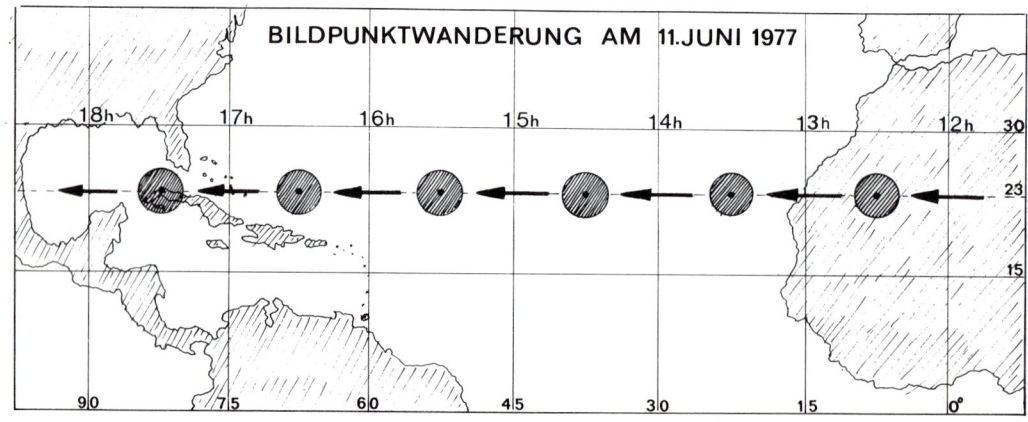

kürzt N. J.) angegeben. Es erscheint jährlich und hat nur eine einzige Aufgabe, nämlich dem Navigator für jede Sekunde des Tages die genauen Bildpunkt-Koordinaten anzugeben. Bevor wir uns genauer ansehen, wie eine derartige große Anzahl von Informationen auf nicht viel mehr als 400 Seiten wiedergegeben wird, müssen wir noch einen – scheinbaren – Unterschied zu anderen Punkten auf der Erde beachten: Die Bildpunktbreite wird nicht als „Breite", sondern als „Deklination" oder „Declination" bezeichnet. In den nautischen Unterlagen wird sie häufig mit dem griechischen Buchstaben „δ" abgekürzt. Sie zählt wie jede „normale" Breite auf der Erde vom Äquator aus in Richtung Nordpol von 0° bis 90° N und in Richtung Südpol von 0° bis 90° S. Wie bei jeder anderen Position auf der Erdoberfläche werden die einzelnen Längengrade vom Greenwich-Längengrad aus nach Westen durchgezählt. Während aber bei den üblichen Positionsangaben nur bis 179° W, 180° und dann zurück über 179° E bis 0° weitergezählt wird, ergibt sich in der Bezeichnung der Bildpunktlänge ein scheinbarer Unterschied, indem – einfacher – von Greenwich aus nach Westen bis 360° Grad gezählt wird. Eine Position auf der Erdoberfläche von 10° E entspräche also einem Greenwichwinkel (= Länge des Bildpunktes, abgekürzt „Grt") von 350°.

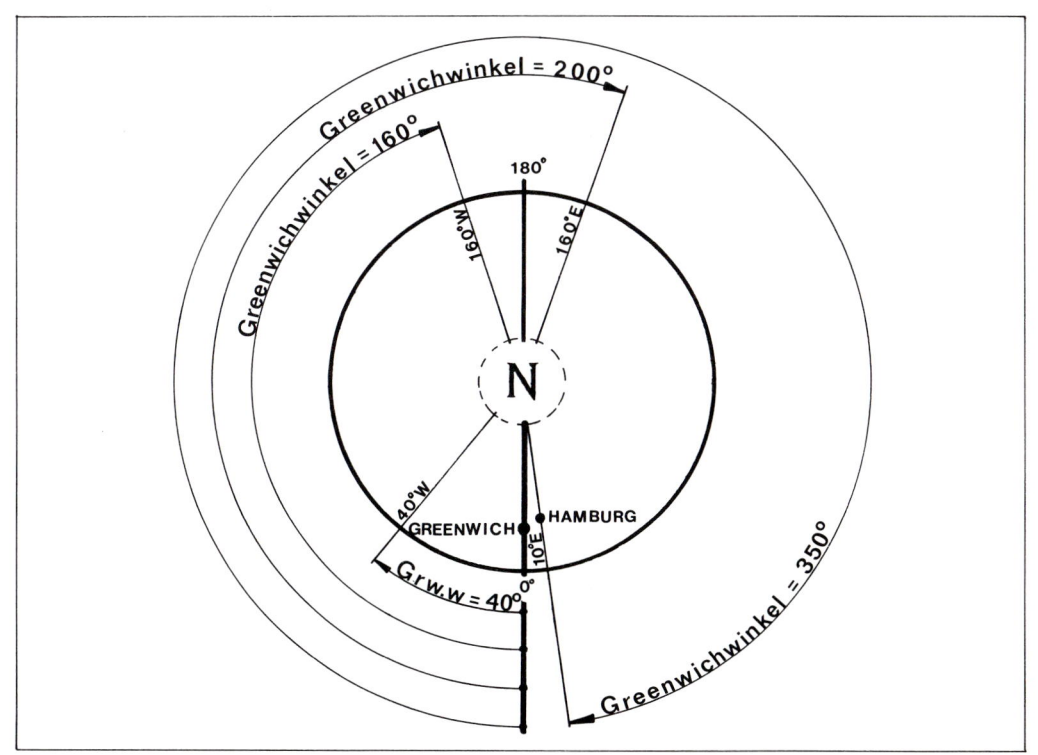

Unter dem jeweiligen Datum im N. J. (Nautischen Jahrbuch) sind zunächst die Bildpunkt-Koordinaten nicht für jede Sekunde, sondern stündlich mit „δ" und „Grt" angegeben.*) (Anlage 5 und 6)

Betrachten wir die Position nun über 24 Stunden hinweg, so finden wir bestätigt, was wir in der Natur längst beobachtet haben: Die Längenposition der Sonne ändert sich rasend schnell, während ihre Breite fast konstant bleibt.

Jetzt aber gleich ein praktisches Beispiel: Am 1. 4. 77 wird die Sonne um 14 h 29 m 12 s UT1 gemessen:

Da im N. J. unter dem betreffenden Datum zunächst nur die Koordinaten für die vollen Stunden (als „δ" und „Grt") angegeben sind, müssen einfache Zwischenrechnungen angestellt werden, um für den sekundengenauen Zeitpunkt der Beobachtung die Position zu ermitteln. Denn die Frage lautet immer:

1. Wie sind die Bildpunkt-Koordinaten der Sonne zum Meßzeitpunkt? Um welchen Ort auf der Erdoberfläche werden wir einen Kreis mit unserer Entfernung von diesem Punkt ziehen müssen?

Für den 1. 4. 77 um 14 h 00 m 00 s UT1 gibt das N. J. eine Bildpunktbreite der Sonne (Declination) von 4° 38,2′ N und eine Bildpunktlänge von 29° 02,1′ an. Für 15 h 00 m 00 s UT1 hätten wir folgende Koordinaten: 4° 39,2′ N und 44° 02,2′ (siehe Anlage 5).

Ersichtlich verändert sich die Breite im Gegensatz zur Länge nur ganz unwesentlich; hier in einer Stunde um gerade eine Winkelminute. Der Genauigkeit sind in der astronomischen Navigation trotz der hervorragenden Präzision der heutigen Sextanten durch Meßungenauigkeiten ohnehin gewisse Grenzen gesetzt, Bruchteile von Minuten können deshalb mit gutem Gewissen auf unseren schwankenden Yachten vernachlässigt werden. Es reicht auch deshalb vollkommen aus, wenn wir Werte nur auf ganze Minuten auf- oder abrunden. Nautische Tafelwerke, wie die H. O. 249, die auch in der Großschiffahrt benutzt werden, machen das ohnehin. Gehen wir deshalb davon aus, daß um 14 h 00 m 00 s UT1 die Breite 4° 38,2′ N war und um 15 h 00 m 00 s UT1 4° 39,2′ N, dann ist es durchaus seriös, die Bildpunktbreite für 14 h 29 m 12 s UT1 mit 4° 39′ über den Daumen zu peilen. Ganz anders bei der Länge. Hier muß wegen der Überschallgeschwindigkeit des Bildpunktes seine Länge genau für die Sekunde der Messung ermittelt werden. Um 14 h 00 m 00 s war die Sonne auf 29° 02,1′, um 15 h 00 m 00 s 44° 02,2′. Der Unterschied zwischen beiden vollen Stunden ist ziemlich genau 15 Längengrade (ganz logisch: Die Sonne muß ja in 24 Stunden ein-

---

*) Das ist aber nicht der Grund für die Bezeichnung „Greenwich-Stunden-Winkel". Vielmehr rührt dieser Name daher, daß bis vor wenigen Jahrzehnten der Winkel noch in „Stunden" gemessen wurde. Zur Klarstellung: In diesem Buch wird die genaue Bildpunktlänge vereinfacht als „Greenwichwinkel" bezeichnet.

mal um die Erde, also 360° zurücklegen). Man könnte nun ziemlich umständlich mit einer Dreisatzrechnung den „Zuwachs" für die 29 Minuten und 12 Sekunden ausrechnen und dann der 14-Uhr-Länge hinzuzählen. Am Ende des N. J. gibt es aber zu unserer Bequemlichkeit Hilfstafeln, in denen sich unter der betreffenden Minutenzahl der Zuwachs zum Greenwich-Stundenwinkel fix und fertig berechnet findet (Anlage 7 und 8).

Länge des Bildpunktes also um 14 h 29 m 12 s UT1

Bildpunktlänge für 14 h 00 m 00 s UT1 (aus Anlage 5)	29° 02,1′
+ Zuwachs für 29 m 12 s (aus Anlage 7)	7° 18,0′
	36° 20,1′

Achtung: Nur Spalte „Sonne" benutzen (Verwechslung!).

Nochmals das Prinzip der Astronavigation: Die Position des Bildpunktes ist für den Zeitpunkt der Messung bekannt (s. o.). Der Abstand Beobachter – Bildpunkt kann mit einer komplizierten Formel aus dem gemessenen Winkel ähnlich wie bei der Distanz zu einem Leuchtfeuer berechnet werden.

Die Entfernung wird in Meilen in den Zirkel genommen und ein Kreis um den Bildpunkt geschlagen, auf dem sich dann die Yacht um 14 h 29 m 12 s UT1 befinden muß. Dieser Kreis ist die astronomische Standlinie.

Da in jeder astronomischen Rechnung die Position des Bildpunktes festgestellt werden muß, ist es dringend ratsam, gleich einige Beispiele durchzurechnen, wobei bereits jetzt darauf hingewiesen wird, daß die Berechnung der Bildpunkte anderer Gestirne nicht wesentlich komplizierter ist.

Wie lauten Abweichung und Greenwichwinkel der Sonne am:
a) 12. 6. 77 um 09 h 29 m 14 s UT1
b) 31. 3. 77 um 14 h 54 m 33 s UT1
c) 1. 4. 77 um 07 h 31 m 49 s UT1
d) 11. 6. 77 um 23 h 55 m 02 s UT1
e) 12. 6. 77 um 19 h 52 m 44 s UT1
f) 12. 6. 77 um 00 h 28 m 59 s UT1

Gut einprägen:

Breite des Bildpunktes ist die Declination (δ)

Länge des Bildpunktes ist der Greenwichwinkel (Grt)

V. Die genaue Zeit

Bei der rasenden Geschwindigkeit der Gestirnsbildpunkte ist die exakte Zeit außerordentlich wichtig. Eine kurze Überlegung macht dies klar: Der Sonnenbildpunkt rast in 24 Stunden um die Erde, am 23. September zum Beispiel auf dem Äquator entlang, also dann ziemlich genau 21 600 Seemeilen (360° zu je 60 Seemeilen) weit. Das macht in jeder Minute 15 Seemeilen aus, das heißt, wenn die Borduhr nur eine Minute falsch geht, hat sich die Position des Bildpunktes der Rechnung gegenüber um 15 Seemeilen verschoben. Damit wird aber auch der Kreis als Standlinie um einen versetzten Mittelpunkt gezogen. Ergebnis: Der Schiffsort kann genau um 15 Seemeilen daneben liegen.

Jahrhundertelang war die Zeit eines der größten Probleme der Schiffahrt. Viele werden die Geschichte des englischen Uhrmachers Harrison kennen, der sein Leben damit verbracht hat, eine genaue Uhr zu entwickeln, um sich so eine unglaublich hohe Belohnung des englischen Königreiches zu verdienen. Als es ihm schließlich gelungen war, den ersten funktionierenden Chronometer vorzuführen, erwog die englische Krone allen Ernstes, diesen Schatz wieder zu zerstören – allein aus Angst, die verfeindeten Niederländer könnten in den „Besitz" der genauen Schiffszeit kommen –, derart hoch wurde diese eingeschätzt. Noch vor ein paar Jahren war die sekundengenaue Zeit tatsächlich ein Problem, und man mag darüber lächeln, in Schiffshandbüchern genaue Anweisungen zu lesen, wie Schiffschronometer „in Begleitung einer Aufsichtsperson" zum Chronometermacher (bloß nicht zum Uhrmacher!) getragen werden mußten.

Der „Chronometer" kostet kaum mehr als ein Patentschäkel

Heute ist das einfacher, wenn eine gute Uhr benutzt wird. Unter einer „guten" Uhr sind nicht sündhaft teure „Schiffschronometer" in Mahagonikästen, sondern Quarzuhren (ab DM 10,– aufwärts) zu verstehen. Als Armbanduhren benutzen alle einen Quarz mit 32 768 Schwingungen, ob es sich um ein Billigerzeugnis der Versandhäuser oder um ein „Präzisionserzeugnis" der Schweizer Uhrenindustrie handelt. In der Genauigkeit sind sie den herkömmlichen Armband-Chronometern überlegen. Eine Ganggenauigkeit von plus/minus 2 Sekunden/Tag erreichen sie allemal. Wichtig ist zu wissen, daß die Genauigkeit von Quarzuhren nicht von mechanischen Erschütterungen beeinträchtigt wird, sie aber entscheidend von der gleichbleibenden Temperatur abhängig ist. Besonders gut eignen sich deshalb auch aus diesem Grunde wasserdichte Quarzuhren – am besten Taucheruhren –, die an Bord fortwährend getragen werden können und so von der Hauttemperatur stabilisiert werden.

Trotzdem – ohne Kontrolle durch ein gelegentliches Zeitzeichen im Radio sollte die Uhr, die natürlich auf UT1 gestellt bleibt, längere Zeit im Bordbetrieb nicht benutzt werden. Über die ganze Welt verteilt gibt es Zeitzeichensender, die – teilweise sogar mit gesprochener Ansage – nichts anderes tun, als zu jeder vollen Minute ein Zeitzeichen zu geben. Die üblichen Zeitzeichenfrequenzen sind: 5, 10, 15, 20, 25 MHz. Ein guter Bordempfänger sollte alle diese Frequenzen auf der Skala haben, da je nach Ausbreitungsbedingungen und Entfernung zum Sender Zeitzeichen manchmal nur auf einer einzigen dieser Frequenzen zu hören sind. Ein solches Radio muß also das gesamte Kurzwellenband – möglichst stark gespreizt – bis 30 MHz empfangen können.

Diese Zeitzeichensender geben meist nicht die UT1, sondern eine andere Weltzeit, nämlich die UTC (Universal Time Coordinated). Beide Zeiten, also die UT1 und die UTC, unterscheiden sich um ganz wenige Sekundenbruchteile, so daß es für unsere Zwecke gleichgültig ist, ob wir über Radio die UTC oder die UT1 mitgeteilt bekommen.

In deutschen Segelgebieten sind Zeitzeichensender manchmal schwierig zu empfangen. Bei der Qualität der heutigen Quarzuhren ist das aber kein Unglück. Ein Zeitzeichen am Tage (zum Beispiel aus einer gewöhnlichen Nachrichtensendung aus der Heimat) reicht aus, um die Quarzuhr genügend genau zu kontrollieren. Selbstverständlich wird man nicht täglich die Uhr neu stellen, was bei einer Abweichung von Sekunden-Bruchteilen auch gar nicht möglich ist. Wenn sich aber nach ein paar Tagen oder Wochen deutliche Unterschiede von wenigen Sekunden ergeben, muß dieser „Stand" jeweils bei der Feststellung des genauen Zeitpunktes der Gestirnsmessung berücksichtigt werden. Jedenfalls ist das Führen eines Chronometertagebuches, in dem Stand und Gang einer Uhr berücksichtigt wurden, heute überholt.

Trotzdem sollte man auf Folgendes achten: Hat man seine Quarzuhr zu Hause mit Hilfe der Fernsehuhr (das Telefonzeitzeichen ist für unsere Zwecke nicht zuverlässig genug) längere Zeit getestet und keine Ungenauigkeiten beobachtet, so bedeutet dies noch lange nicht, daß sie später im rauhen Bordbetrieb mit der gleichen Präzision arbeitet. Schließlich herrschen dort ganz andere Temperaturen als im wohltemperierten Büro.

An Bord unentbehrlich ist eine Stoppuhr, die eine Hilfsperson im Moment der Gestirnsmessung drückt. Dann kann der Navigator in Ruhe seinen Sextanten wegstauen (ohne den Winkel zu verändern) und bei einer der folgenden vollen Minuten auf der Stoppuhr (oder Navigationsuhr) – wer rechnet schon gerne mit Sekunden – die genaue Greenwichzeit feststellen. Zur Ermittlung des genauen Meßzeitpunktes werden lediglich die Stoppuhr-Minuten abgezogen. Nur so können mit Sicherheit häufige Ablesefehler durch den Helfer vermieden werden.

Keinesfalls versuche man, gleichzeitig ein Gestirn zu messen und hierzu die genaue Zeit gleich an Deck festzustellen. Unbedingt müssen wir uns nämlich allein darauf konzentrieren, zunächst mal einen genauen Höhenwinkel zu erhalten und den Sextanten ohne anzustoßen heil unter Deck zu bringen. Der Einhandsegler zähle beim Hinuntersteigen „einundzwanzig, . . ." und drücke dann die Stoppuhr.

Besonders gut eignet sich auch die Stoppuhr, um ein Zeitzeichen vom Radio „aufzunehmen". Anschließend kann man in Ruhe seine Navigationsuhr stellen. Das „Zeitzeichen" hat man sicher.

VI. Die erste Standlinie – die Mittagsbreite

Die Bildpunktkoordinaten von Seite 21:

a) 23° 09′ N; 315° 04,3′
7° 18,5′
322° 22,8′

b) 4° 16′ N; 28° 57,6′
13° 38,3′
42° 35,9′

c) 4° 32′ N; 284° 00,7′
7° 57,3′
291° 58,0′

d) 23° 08′ N; 165° 05,5′
13° 45,5′
178° 51,0′

e) 23° 11′ N; 105° 03,0′
13° 11,0′
118° 14,0′

f) 23° 08′ N; 180° 05,4′
7° 14,8′
187° 20,2′

Sie ist eine der ältesten, einfachsten und genauesten Methoden, um zu einer Standlinie aus einer Sonnenmessung zu kommen. Wegen ihrer Einfachheit und Zuverlässigkeit gehört die Mittagsbreite heute noch – auch in der Großschiffahrt – zum täglichen Brot des Navigators.

Bis in das 19. Jahrhundert, als genaue Uhren oder gar Chronometer auf Segelschiffen noch unbekannt waren, war die Mittagsbreite schlechthin *die* Navigationsmethode auf hoher See, weil zur Berechnung der astronomischen Standlinie die Stellung der Sonne als „Zeitsignal" ausreichte.

Wenn es sich auch bei der Mittagsbreite um einen speziellen – höchst einfachen – Sonderfall der astronomischen Navigation handelt, so beruht sie dennoch auch auf der gleichen Überlegung, die wir zu Eingang gemacht haben (Seite 16): Die astronomische Standlinie ist ein Kreis um den Bildpunkt mit der Entfernung „Beobachter – Bildpunkt" als Radius.

Wie der Name sagt, kann die Sonne bei der Mittagsbreite nur in dem Zeitpunkt gemessen werden, in dem *Schiffsmittag* ist. Dies hat nun gar nichts mehr mit unserem bürgerlichen Mittag um 12 Uhr zu tun. Verfolgen wir die Sonne auf ihrem Weg über das Firmament während eines Tagesablaufes, so läßt sich beobachten, daß die Sonne morgens irgendwo im Osten aufgeht, dann vormittags aufsteigt, langsam Richtung Westen wandert, irgendwann auf dem höchsten Punkt ihrer Bahn steht, wieder fällt und schließlich gegen Abend irgendwo im Westen hinter dem Horizont verschwindet. Natürlich wissen wir, daß sich in Wirklichkeit die Erde um die eigene Achse dreht, unserer Vorstellungskraft entspricht es aber besser, wenn wir zum

Zwecke des Erlernens der Astronavigation ruhig die Sonne um die Erde wandern lassen. Wir haben auch gelernt, daß die Sonne mittags im Süden steht. Würden wir auf einem Schiff unabhängig von der Uhrzeit die Sonne mit dem Kompaß in dem Moment anpeilen, in dem sie an ihrem höchsten Punkt steht, so würden wir eine rechtweisende Peilung von ganz genau 180°, also Süden, erhalten.*) Dieser Zeitpunkt ist Schiffsmittag.

Wir könnten also durchaus unseren Kompaß bei „Schiffsmittag" durch eine Peilung

Schiffsmittag ist dann, wenn die Sonne den höchsten Punkt ihrer Tageslaufbahn erreicht hat.

Schiffsmittag ist dann, wenn die Sonne ganz genau im Süden steht – rechtweisende Peilung 180° –.

Hat die Sonne ihren höchsten Punkt erreicht, so peilt sie rechtweisend genau 180°.

---

*) Dies gilt für unsere Breiten. Ist der Beobachter sehr weit südlich – z. B. Kapstadt –, dann steht die Sonne für ihn „mittags" im Norden – rechtweisende Peilung 360°.

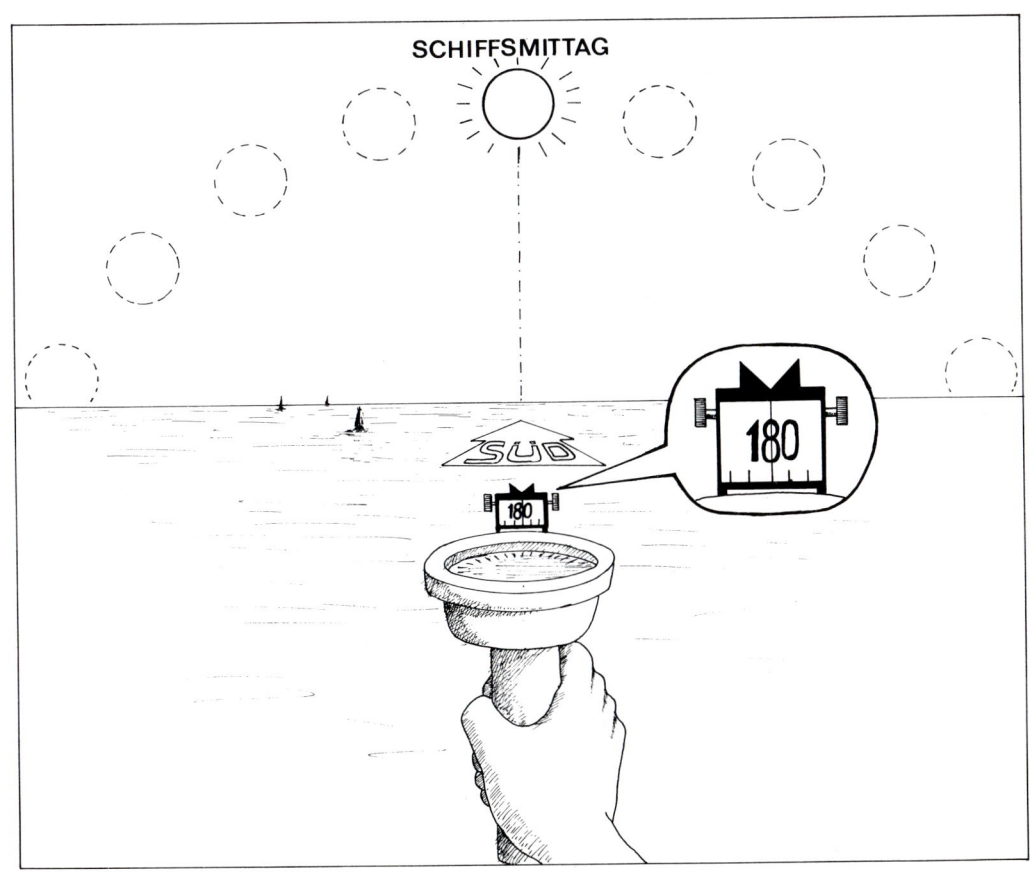

SCHIFFSMITTAG

der Sonne überprüfen. Nach Berücksichtigung der Mißweisung und der Ablenkung müßte sich eine Kompaßpeilung von 180° ergeben. Dies ist die einfachste Form der astronomischen Kompaßkontrolle. Man sieht, man braucht hierzu weder nautische Tafeln, Rechengeräte oder sonstige Hilfsmittel, nicht einmal Papier und Bleistift.

Die Mittagsbreite ist praktisch eine Gerade

Bei der großen Entfernung zum Bildpunkt der Sonne, dessen Weg auf einem Breitengrad entlang um die Erde auf der betreffenden Seite des N. J. nachgelesen werden kann (Anlagen 5 und 6), ist die Krümmung der Kreisstandlinie an unserem Schiffsort kaum noch zu spüren. Sie ist sogar so groß, daß ohne weiteres in die Seekarte mit dem Kursdreieck eine Gerade eingezeichnet werden kann. Nachdem sich das Schiff bei der Mittagsbreite genau im Norden des Bildpunktes befindet, hat

die Gerade, die ja genau senkrecht auf der rechtweisenden Peilung zum Bildpunkt (180°) steht, ganz genau eine Ost-West-Richtung. Sie entspricht also einem Breitenparallel. (Hier können wir uns gleich für später merken, daß die rechtweisende Peilung zum Bildpunkt auch Azimut genannt wird.)

Bei der Mittagsbreite kann der Navigator gut auf zeichnerische Konstruktionen verzichten, weil es natürlich vollkommen ausreicht, den Halbmesser des Kreises um den Bildpunkt zu errechnen. Er läßt sich ohne weiteres sowohl in Seemeilen als auch in Grad und Minuten ausdrücken, da ja einem Breitengrad genau 60 Seemeilen entsprechen. Dies geschieht in den folgenden einfachen Berechnungen, wobei der Kreishalbmesser in Grad und Minuten einfach gleich nördlich zur Bildpunktbreite hinzugezählt wird. Das Ergebnis ist dann direkt die Schiffsbreite. Im Sonderfall der Mittagsbreite ist die Berechnung so einfach, daß weder Rechner noch Tafeln als

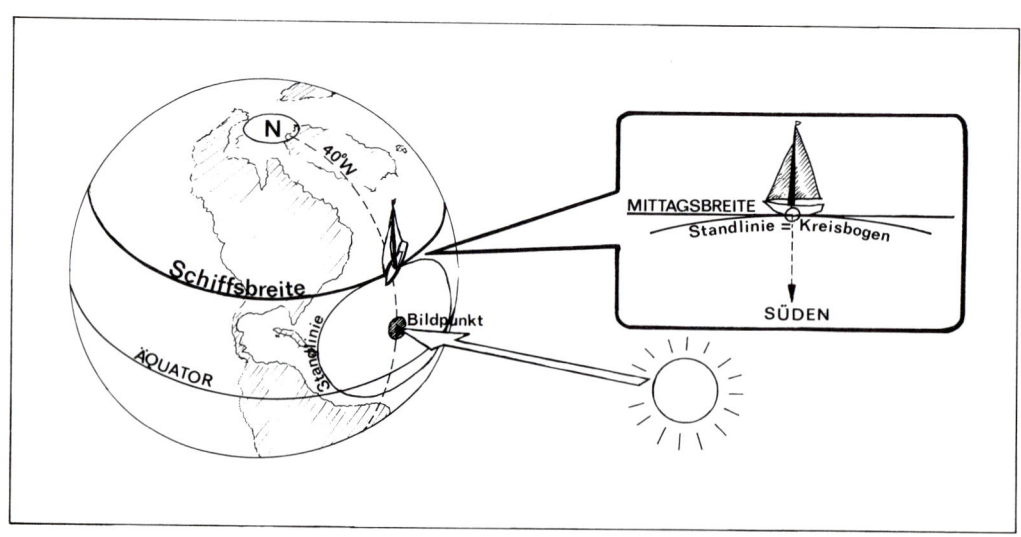

Hilfsmittel benötigt werden. Natürlich ist es nicht notwendig, die Formel für die Mittagsbreite abzuleiten, oder sie gar auswendig zu lernen. Im Bedarfsfall sehen wir sie einfach nach. Bei einer gegißten Breite von 40° N würde am 31. 3. 1977 gelten:

Breite = 90° + Bildpunktbreite —
Höhenwinkel

Man sieht, die sekundengenaue Zeit ist dabei gar nicht nötig, denn die Länge des Bildpunktes – der Greenwich-Winkel – interessiert in diesem Zusammenhang gar nicht. Die Formel für die Mittagsbreite gilt ja nur, wenn die Sonne auf dem höchsten Punkt ihrer Laufbahn um die Erde vom Schiff aus gesehen wird, also genau südlich vom Schiffsort steht. Die Sonne gibt also hier selbst den richtigen Zeitpunkt für die Messung. Aus diesem Grunde kann die Mittagsbreite auch ohne den Einsatz einer genauen Uhr gewonnen werden – für Kolumbus zum Beispiel deshalb die einzige Möglichkeit einer präzisen Standlinie.
Natürlich ist es gut, die ungefähre Uhrzeit zu haben, damit einigermaßen die Declination (Bildpunktbreite) im N. J. festgestellt werden kann. Selbst ein Fehler von einer ganzen Stunde aber würde einen Unterschied in der Bildpunktbreite von kaum einer Breitenminute, also einer Seemeile, ausmachen.
Jetzt die erste Standlinie: Am 31. 3. 77 befindet sich das Schiff ungefähr auf 40° 10′ N und 38° 22′ W. Gegen 14 h 00 m UT1 begibt sich der Navigator am späten Vormittag an Deck und beobachtet geduldig im Sextanten die südliche Sonne. Von Zeit zu Zeit mißt er den Winkel zwischen der Kimm und dem Sonnenunterrand und bemerkt, daß die Sonne immer langsamer

steigt. Schließlich stellt er fest, daß der Winkel im Sextanten für mehrere Minuten gleich bleibt und kurze Zeit darauf wieder langsam kleiner wird. Den größten Winkel gegen 14 h 37 m UT1 hat er sich auf einen Zettel mit 53° 58′ notiert. Die Sonne war somit auf dem Höhepunkt ihrer Laufbahn, der Winkel von 53° 58′ ist die Mittagshöhe. Wie lautet die Schiffsbreite?

Die Gesamtberichtigung

Bevor mit der gemessenen Höhe in obige Rechnung eingegangen werden kann, *muß* diese noch geringfügig verbessert werden. Zum einen wurde nämlich der leicht und sehr exakt zu messende Sonnenunterrand mit dem Sextanten auf den Horizont gesetzt, wohingegen alle Rechnungen lediglich die Gestirnsmitte berücksichtigen. Andererseits wird der Lichtstrahl von der Sonne beim Durchdringen der verschiedenen Luftschichten um die Erde etwas gebrochen, so daß der Navigator – vereinfacht gesprochen – die Sonne an einer Stelle sieht, wo sie sich in Wirklichkeit nicht befindet. Der „wahre Horizont", der uns ansonsten nicht weiter interessiert, ist ein weiterer Grund für die „Gesamtbeschickung" (oder Gesamtberichtigung) der Sonne. Anlage 9 ist ein Abdruck aus dem N. J., nämlich die Gesamtbeschickungstafel. In diese Tafel braucht lediglich beim Sonnenunterrand mit dem gemessenen Winkel (linke Spalte) und der Augeshöhe in Metern eingegangen zu werden, worauf die Gesamtbeschickung der Sonne ohne weiteres herausgelesen und ganz einfach zum Winkel am Sextanten dazugezählt wird.

Auf der gleichen Jahrbuchseite ist unten noch eine Zusatzbeschickung mit einer monatlichen Verbesserung vorgesehen, deren Anbringung aber nicht notwendig ist. Im extremsten Fall ergibt sich hier eine Zusatzverbesserung von 0,3 Winkelminuten, welche aber nur eine Genauigkeit vortäuschen würde, die auf kleinen Schiffchen mit unseren Sextanten kaum erzielt werden kann.

Ausnahmsweise kann aber die Zusatzbeschickung für den Kimmabstand des Sonnenoberrandes angewendet werden, wenn – in äußerst seltenen Fällen – der Sonnenoberrand gut sichtbar und der Sonnenunterrand von Wolken abgedeckt ist – siehe Foto Seite 76. Am einfachsten bleibt es aber immer, den Sonnenunterrand zu messen.

Würde man die in der Tafel für zwei Meter Augeshöhe (das ist üblich auf Yachten) angegebenen Werte auf volle Minuten auf- oder abrunden, so kann die ganze Gesamtbeschickungstafel für den Sonnenunterrand aus dem N. J. auf folgendes Gerippe zusammengestrichen werden:

gemessener Winkel	Gesamtbeschickung
ab 20°	+ 11′
ab 25°	+ 12′
ab 40°	+ 13′

Ich habe mir das auf einen Zettel geschrieben und auf den Funkpeiler geklebt, dann habe ich weniger zu blättern. Mancher mag die Nase darüber etwas rümpfen, wenn so großzügig mit den Kommabruchstellen umgegangen wird. Es ist auch sicher kaum Mehrarbeit, zu Hause am Schreibtisch die Gb auf die Zehntelminute genau auszurechnen. Auf einem kleinen schwankenden Schiff aber ist jede unnötige Rechnerei eine Fehlerquelle und wirkt sich besonders bei schlechtem Wetter unten am Navigationstisch, wo es zusätzlich vielleicht nach Diesel stinkt, ganz bestimmt negativ auf den Magen des Navigators aus. Und ein großzügiger Navigator ist allemal besser als ein seekranker. Darüber hinaus wird durch Kommabruchstellen bei der Gb eine Genauigkeit vorgetäuscht, die an Bord gar nicht erzielt werden kann. Schon allein die Augeshöhe ist nicht immer sicher festzustellen. Ist sie bei glattem Wasser zwei Meter, so kann sie bei mäßiger See mit Seegang von einem Meter mal ein Meter fünfzig, mal zwei Meter fünfzig betragen, ohne daß in der Praxis der Navigator dies bei seinen Messungen berücksichtigen kann. Aus diesem Grund wird bei allen folgenden Übungsbeispielen in diesem Buch von einer Augeshöhe von zwei Meter und – soweit es sich um Sonnenbeispiele handelt – von obiger vereinfachter Tabelle ausgegangen. Keinesfalls – weder in der Praxis noch bei den Übungsbeispielen – darf aber die Gb weggelassen werden. Denn bei der Sonne würde das sofort zu Fehlern in obiger Höhe, also von mindestens 11 Winkelminuten (entspricht 11 Seemeilen) führen.

28

Jetzt haben wir alles beisammen, um die Mittagsbreite von Seite 27 ausrechnen zu können. Dies ist ein „Problem" von wenigen Minuten:

Breite =
90° + 4°16′ — (53°58′ + 13′)

Breite = 40°05′ N

Bitte berechnen:

a) Am 12. 6. 77 (gegißter Schiffsort: 41°39′ N, 59°54′ W) gegen 16 h 00 m UT1 wird die Sonne (Unterrand) an ihrem höchsten Punkt mit 71°10′ gemessen.

b) Am 11. 6. 77 (gegißter Schiffsort: 55°09′ N, 160°12′ W) wird gegen 22 h 42 m UT1 die Sonne auf dem höchsten Punkt mit 57°50′ gemessen.

c) Am 1. 4. 77 (mutmaßliche Position 38°40′ N, 7°32′ E) wird um 11 h 32 m UT1 die Mittagsbreite mit 55°41′ am Sextanten gemessen.

Obige Gleichung gilt nur für den „Normalfall", also für das Segeln im Sommer in deutschen Gewässern oder im Mittelmeer. Würden wir zum Beispiel in Südafrika gerade um das Kap der Guten Hoffnung laufen, so befände sich in jedem Fall der Sonnenbildpunkt nördlich von uns, bei „Schiffsmittag" würde die Sonne also nicht 180°, sondern 360° rechtweisend peilen. Es kann uns aber auch auf der Nordhalbkugel passieren, daß wir mittags den Sextanten nach Norden halten müssen. Dies ist dann der Fall, wenn wir uns zum Beispiel im Hochsommer im Nordost-Passat bei 10° Nord befinden. Dann laufen die Rechnungen anders (jedoch gleich einfach), wie folgende Varianten zeigen:

Schiff befindet sich auf der Nordhalbkugel: Die Sonne hat eine nördliche Declination, mittags sehen wir die Sonne im Süden (das ist bei uns der Normalfall), dann gilt:

Breite = 90° + Declination — (gemessener Winkel + Gesamtberichtigung).

Die Sonne hat eine südliche Declination (bei uns im Sommer nie der Fall), dann gilt:

Breite = 90° — Declination — (gemessener Winkel + Gesamtberichtigung).

Die Declination ist nördlich, wir sehen mittags die Sonne im Norden von uns (kommt im Mittelmeer und Deutschland nicht in Frage), dann gilt:

Breite = Declination + (gemessener Winkel + Gesamtberichtigung) – 90°.

Befindet sich das Schiff auf der Südhalbkugel, so gelten obige Regeln genau umgekehrt, das heißt: Man setze für „südlich" „nördlich" und für „nördlich" „südlich".

Ganz falsch wäre es nun, diese Regeln auswendig zu lernen. Denn meistens hat es der Navigator während eines Törns nur mit einer einzigen Regel zu tun. Und auch in diesem Falle sollte er es sich so bequem wie möglich machen und ins N. J. vorne reinschreiben: „Breite = 90° + Declination — berichtigter Höhenwinkel."

VII. Wann ist Mittag?

Die Mittagsbreite von Seite 29
a) Breite = 90° + 23°10′ —
   (71°10′ + 13′) = 41°47′ N
b) Breite = 90° + 23°07′ —
   (57°50′ + 13′) = 55°04′ N
c) Breite = 90° + 4°36′ —
   (55°41′ + 13′) = 38°42′ N

Damit es nicht vergessen wird: eine astronomische Standlinie entsteht in gleicher Weise wie bei der Höhenwinkelmessung eines Leuchtfeuers über der Strandkimm. Die aus dem Winkel berechnete Entfernung wird als Kreis um die Position des Leuchtturms bzw. um den Bildpunkt geschlagen und stellt damit die Standlinie dar. Das gleiche gilt bei der Mittagsbreite, wobei wir folgende *Vereinfachung* herausfanden: Die Länge des Bildpunktes (Greenwichwinkel) ist für die Berechnung der Standlinie nicht notwendig, weil bei dem Sonderfall der Mittagsbreite ausnahmsweise nur der *Breitenunterschied* vom Bildpunkt bis zum Schiffsort interessiert, der schließlich die Standlinie, nämlich genau eine Breite ergibt.

Das ist aber der einzige Sonderfall, bei dem die Kenntnis der genauen Zeit nicht notwendig ist. Allerdings ist das, was wir im vorigen Kapitel gemacht haben, höchst unpraktisch. Wir sind nämlich schon am Vormittag auf dem Kajütdach gesessen und haben dort geduldig gewartet, bis endlich einmal die Sonne ihren höchsten Punkt erreicht hat. Abgesehen davon, daß diese Prozedur nur bei gutem Wetter angebracht ist, schadet dies zum Beispiel der Genauigkeit des Sextanten, der sich im gleißenden Sonnenlicht – wie jeder metallische Gegenstand – etwas dehnt, wodurch selbstverständlich die Genauigkeit beeinträchtigt wird.

Es wäre deshalb tatsächlich wünschenswert – und in der Praxis macht man es nicht anders –, wenn wir die Mittagszeit vorher berechnen, was ohne weiteres möglich ist. Dann können wir in Ruhe einige Minuten früher rausgehen und die Sonne in ihrem höchsten Winkel messen, den sie scheinbar mehrere Minuten lang im Sextanten beibehält. Deshalb wird die Mittagszeit immer vorausberechnet.

Keinesfalls sollte darüber hinweggelesen werden, denn hieraus entwickelt sich auch auf den nächsten Seiten die höchst einfache Methode der Längenbestimmung „aus zwei gleichen Höhen".

Bitte nochmals vergegenwärtigen: Mittag ist dann, wenn die Sonne auf ihrem höchsten Punkt steht. Die Sonne ist auf dem höchsten Punkt ihrer Laufbahn, wenn sie und ihr Bildpunkt sich ganz genau im Süden vom Schiff befinden.
(In Südafrika oder in der Südsee steht sie bei Schiffsmittag natürlich im Norden der Yacht.)

Bei Schiffsmittag befinden sich Sonnenbildpunkt und Schiff auf gleicher Länge.

Wie auf Seite 20 gezeigt wurde, kann für jeden beliebigen Zeitpunkt des Tages mit Hilfe des N. J. genau die Länge (Greenwichwinkel) des Bildpunktes festgestellt werden. Umgekehrt kann natürlich auch auf gleich einfache Weise mit der Länge des Bildpunktes die genaue Weltzeit gefunden werden. Wenn also beispielsweise am 11. 6. 77 der Sonnenbildpunkt sich auf 30° 06,7' (nicht „W"! – die Bildpunktlänge zählt immer 360° nach Westen) befindet, dann ist es genau 14 h 00 m 00 s UT1 (siehe Anlage 6).

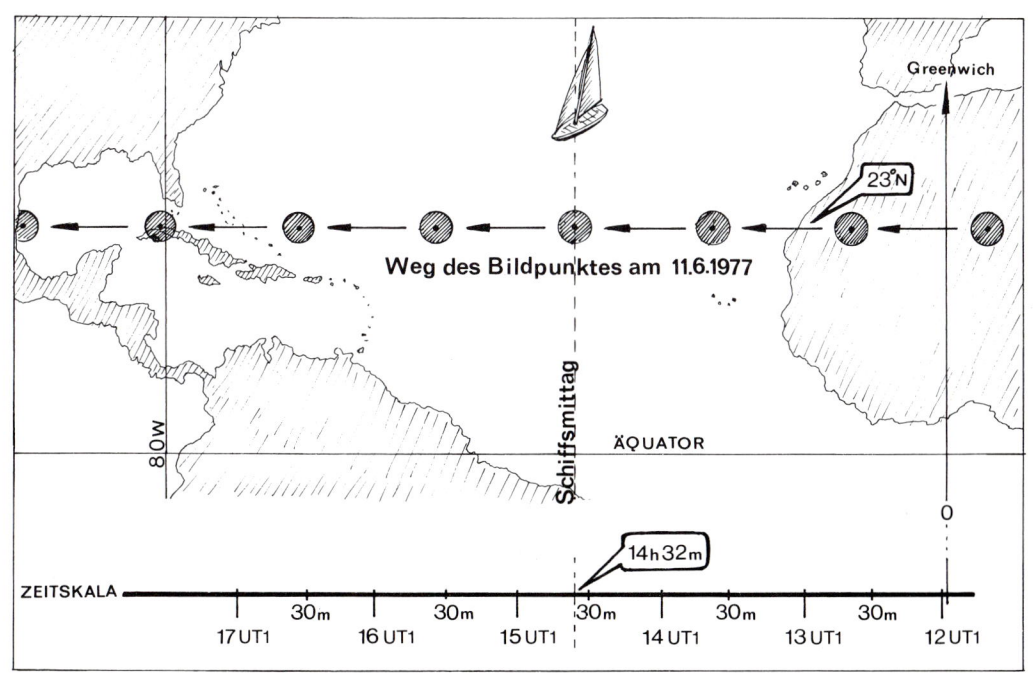

Weg des Bildpunktes am 11.6.1977

Schiffsmittag

ÄQUATOR

Greenwich

23°N

8.0 W

0

14 h 32 m

ZEITSKALA

| 30 m | 30 m | 30 m | 30 m | 30 m |
| 17 UT1 | 16 UT1 | 15 UT1 | 14 UT1 | 13 UT1 | 12 UT1 |

Bei „Schiffsmittag" wird der Sonnenbildpunkt unsere Schiffslänge erreicht haben. Wir müssen also im N. J. lediglich ausrechnen, wann der Sonnenbildpunkt unsere Länge erreicht haben wird. Natürlich kennen wir meist nicht unsere genaue Länge, doch für die Vorausberechnung der Mittagszeit reicht es ohne weiteres aus, wenn wir hierfür die gegißte (geschätzte) Schiffslänge benutzen. Am 11. 6. 77 befinden wir uns beispielsweise auf 38° 00′ W Länge. Ein Blick ins N. J. zeigt, daß die Sonne unsere Länge zwischen 14 h 00 m 00 s UT1 und 15 h 00 m 00s UT1 erreicht haben wird, also Mittag ist. Wenn die Sonne um 14 h 00 m 00 s UT1 auf 30° 06,7′ war, dann lautet die weitere Frage lediglich: Wieviel Zeit benötigt sie von ihrer Bildpunktlänge um 14 h 00 m 00 s UT1 (30° 06,7′) bis zu unserer Schiffslänge von 38° 00′, also für 7° 53,3′? Hier gibt das N. J. in der Schalttafel (Anlage 7) die Antwort mit 31 m 33 s, so daß Schiffsmittag um 14 h 31 m 33 s UT1 sein wird, wenn wir auf der gegißten Länge sind.

Selbst wenn unsere gegißte Schiffslänge nur ganz grob richtig ist, macht dies in der Praxis kaum etwas aus, weil ja die Sonne sich – scheinbar – vier Minuten auf dem höchsten Punkt ihrer Laufbahn befindet. Außerdem wird der Skipper ohnehin zur Sicherheit einige Minuten früher nach oben gehen.

Befindet sich das Schiff auf Ostlänge, muß zur Berechnung der Mittagszeit noch zusätzlich überlegt werden: Der Greenwichwinkel (Bildpunktlänge) zählt immer nach Westen von 0° bis 360° um den Erdball herum, während die Schiffslänge auch nach Osten bis 180° (E oder W) gerechnet wird. Ist das Schiff auf 10° E, so ist deshalb Schiffsmittag, wenn der Bildpunkt 350° erreicht hat.

Zur Vorausberechnung der Mittagszeit bei Ostlängen muß also erst die Schiffslänge in Bildpunktlänge umgerechnet werden:

360° — Schiffs-Ost-Länge =
Bildpunktlänge bei Schiffsmittag

Bitte beantworten: Wann ist Schiffsmittag bei einer gegißten Schiffslänge von
a)   37° 24,7′ W am 11. 6. 77
b)   72° 59,7′ W am 1. 4. 77
c) 111° 54,5′ W am 31. 3. 77
d)   7° 28,9′ W am 12. 6. 77
e)   16° 30,5′ E am 11. 6. 77
f) 158° 31,4′ E am 31. 3. 77

VIII. Die Mittags-
länge aus zwei
gleichen Höhen

Die Vorausberechnung der Mittagszeit hat die Sache nun wieder kompliziert. Aber keine Angst, die ganze Hirnarbeit für die Längenbestimmung ist damit vorweggenommen. Mit dem bisherigen Wissen läßt sich die Länge nämlich leicht ohne weitere Hilfsmittel berechnen. Dazu wird ein Verfahren angewandt, das bis vor kurzem in Deutschland noch weitgehend unbekannt war, weil die Großschiffahrt, die es sich ja leisten kann, ihre Leute jahrelang auszubilden, es gar nicht nötig hat, auf so einfache Verfahren zurückzugreifen. Dagegen wurde es um so eifriger von amerikanischen und englischen Yachtleuten in der Praxis zur Zufriedenheit benutzt. Das Verfahren „Noon Longitude by Equal Altitudes" geht von folgender Überlegung aus: Wenn sich – wie vorher – bei bekannter Länge ausrechnen läßt, wann die Sonne am höchsten steht, also ihr Bildpunkt sich auf der Schiffslänge befindet, kann natürlich umgekehrt genauso leicht festgestellt werden, auf welcher Länge sich das Schiff befindet, wenn nur *sekundengenau* der Zeitpunkt gestoppt wird, in dem die Sonne für den Navigator auf der Yacht an ihrem höchsten Punkt steht, also Mittag ist. Gerade das aber stößt auf praktische Schwierigkeiten. Aus der Sonnenkurve läßt sich ersehen, daß nämlich die Sonne praktisch vier Minuten lang ihren größten Winkel beibehält. Ein Könner am Sextanten wäre also höchstens in der Lage, den Mittagszeitpunkt auf vier Zeitminuten genau anzugeben. In vier Minuten aber kann der Bildpunkt der Sonne, der in vierundzwanzig Stunden 360° zurücklegt, einen ganzen Grad weit wandern, also im ungünstigsten Falle am Äquator 60 Seemeilen weit. Solche Ungenauigkeiten sind aber für die Navigation undiskutabel.

Ein unbekannter Sailor hat dazu nun den genialen Einfall gehabt: Die Kurve, die die Sonne mittags für einen Beobachter beschreibt, ist – so sagte sich dieser Praktiker – gleichmäßig und symmetrisch. Wenn der Navigator also die Sonne zu einem Zeitpunkt mißt, wo sie noch kräftig steigt, und wartet, bis sie im Sextanten beim Herabsinken wieder genau in demselben Winkel gesehen wird, dann muß in der Mitte zwischen den beiden Messungen die Sonne auf ihrem höchsten Punkt und damit sekundengenau auf der Schiffslänge gewesen sein.

Und dieser Zeitpunkt läßt sich ja nun ganz leicht errechnen:

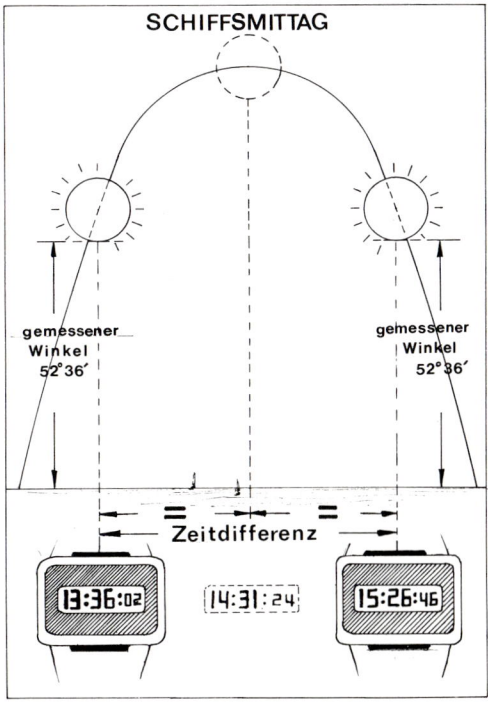

SCHIFFSMITTAG

gemessener Winkel 52°36′

gemessener Winkel 52°36′

Zeitdifferenz

13:36:02   14:31:24   15:26:46

Angenommen: Am 1. 4. 77 wird der Sonnenunterrand bei steigender Sonne um 13 h 36 m 02 s UT1 mit 52° 36′ gemessen. Um etwa 14 h 30 m UT1 steht die Sonne auf ihrem höchsten Punkt und sinkt dann wieder. Um 15 h 26 m 46 s UT1 wird sie wieder mit 52° 36′ gemessen.

Der genaue Mittagszeitpunkt liegt also genau in der Mitte zwischen beiden Messungen. Um ihn zu berechnen, werden beide Zeiten addiert und durch 2 geteilt. Aber aufpassen, wir haben es nicht mit Dezimalbrüchen, sondern mit Minuten und Sekunden zu tun!:

13 h 36 m 02 s
15 h 26 m 46 s
─────────────────────────────
28 h 62 m 48 s : 2 = 14 h 31 m 24 s UT1.

Die letzte Frage lautet nun: Auf welcher Länge war der Sonnenbildpunkt um 14 h 31 m 24 s UT1. Das N. J. gibt die Anwort: Um 14 h 00 m 00 s UT1 war die Bildpunktlänge 29° 02,1′. In den weiteren 31 Minuten und 24 Sekunden lief der Sonnenbildpunkt noch 7° 51,0′ (Anlage 7), so daß Bildpunkt- und Schiffslänge um 14 h 31 m 24 s UT1 genau auf

$$\begin{array}{r} 29°\,02,1′ \\ +\quad 7°\,51,0′ \\ \hline 36°\,53,1′\,W \end{array}$$

war.

Würde sich das Schiff auf Ostlänge befinden, also die Bildpunktlänge mehr als 180° betragen, müßte der Greenwichwinkel (Bildpunktlänge) noch zur Schiffslänge berichtigt werden, weil die Schiffslänge von 0° bis 180° Ost oder West zählt, während die Bildpunktlänge von 0° bis 360° gerechnet wird.

Um die Schiffsostlänge zu bekommen, gilt:
360° — Bildpunktlänge.

Antworten für Seite 32:
Mittag war um a) 14 h 29 m 12 s UT1
               b) 16 h 55 m 49 s UT1
               c) 19 h 31 m 44 s UT1
               d) 12 h 29 m 40 s UT1
               e) 10 h 53 m 29 s UT1
               f)   1 h 30 m 14 s UT1

Nochmals das Prinzip der „Mittagslänge aus zwei gleichen Höhen":

● Die Sonne befindet sich auf dem höchsten Punkt ihrer Laufbahn dann, wenn sie genau auf Schiffslänge ist.
● Nachdem sie sich im Sextanten – scheinbar – vier Minuten lang im größten Winkel befindet, kann so die Zeit sekundengenau nicht festgestellt werden.
● Wird irgendwann vor Mittag und nach Mittag der gleiche Winkel gemessen, so muß sich die Sonne sekundengenau zwischen den beiden Meßzeitpunkten auf ihrem höchsten Punkt befunden haben.
● Aus dem N. J. läßt sich für den so ermittelten Mittagszeitpunkt genau die Bildpunktlänge bestimmen.
● Die Bildpunktlänge ist damit genau die Schiffslänge, wenn sich das Schiff auf Westlänge befindet.
● Befindet sich das Schiff auf Ostlänge, so muß die Bildpunktlänge von 360° abgezogen werden. (Hierbei wird zur rechnerischen Vereinfachung für „360°" gleich „359° 60′" geschrieben.)

Bitte rechnen!
1. Gegißter Schiffsort am 12. 6. 77: 46° 24′ N, 28° 20′ W
   a) Wann ist ungefähr Mittag?
   b) Um 12 h 32 m 59 s wird der Sonnenunterrand mit 61° 30′ aus einer

Augeshöhe von 2 m gemessen. Um 13 h 54 m wird die Mittagshöhe mit 66°31′ genommen, und um 15 h 13 m 18 s wird die Sonne wiederum mit 61°30′ gemessen. Schiffsbreite?

c) Schiffslänge?

2. Gegißter Schiffsort am 1. 4. 77: 33° 29′ N, 143°15′ E

a) Messung – Sonnenunterrand – um 01 h 25 m 48 s UT1 mit 56°59′

b) Messung – Mittagsbreite – gegen 02 h 33 m UT1 mit 60°43′ (2 m Augeshöhe)

c) Messung um 3 h 36 m 32 s UT1 wieder mit 56°59′

Mittagsbreite? Mittagslänge?

Vorteile der „Mittagslänge aus zwei gleichen Höhen":

- Sie ist die einfachste Art der astronomischen Navigation.
- Es braucht nichts gezeichnet zu werden, das Ergebnis der einfachen Rechnung ist unmittelbar die Längenkoordinate des Schiffsortes.
- Es sind keine Tafelwerke notwendig.
- *Ausnahmsweise* muß die Gb nicht beim gemessenen Winkel angebracht werden, da es nur darum geht, zweimal den gleichen Winkel zu messen.
- Hat der Sextant einen Stoß abbekommen, so daß Zweifel bestehen, ob der auf der Trommel angezeigte Winkel wirklich gemessen wurde, kann mit der Mittagslänge trotzdem noch weiternavigiert werden, weil es hierbei nicht darauf ankommt, wie groß der gemessene Winkel ist, sondern nur, ob der gleiche Winkel zweimal gemessen wurde.

Antworten für Seite 34 unten:

1. a) $\quad$ 28°20′
$\quad$ − 15°03,7′ = (13 h 00 m 00 s UT1)
$\quad\quad$ 13°16,3′ = $\quad\quad$ 53 m 05 s
$\quad\quad\quad\quad\quad\quad\quad\quad$ 13 h 53 m 05 s UT1

b) $\quad$ 90°
$\quad$ + 23°10′
$\quad\quad$ 113°10′
$\quad$ − 66°44′ $\quad$ (66°31′ + 13′)
$\quad\quad$ 46°26′ N

c) $\quad\quad$ 12 h 32 m 59 s
$\quad$ + 15 h 13 m 18 s
$\quad\quad$ 27 h 45 m 77 s : 2 =
$\quad\quad$ 13 h 53 m 08 s UT1
$\quad$ Grt 13 h UT1 $\quad$ = 15°03,7′
$\quad$ Zuwachs
$\quad$ für 53 m 08 s $\quad$ = 13°17,0′
$\quad\quad\quad\quad\quad\quad$ 28°20,7′ W

2. $\quad\quad$ 33°31′ N, 143°12,7′ E

Nachteile der „Mittagslänge":

- Es sind zwei Messungen für eine Standlinie notwendig.
- Es kann passieren, daß der zweite gleiche Winkel nicht gemessen werden kann, weil genau in diesem Moment eine Wolke die Sonne verdeckt (dem kann vorgebeugt werden, indem vor Mittag mehrere Höhen – sozusagen auf Reserve – gemessen werden).
- Es ist in der Praxis nicht ganz einfach festzustellen, wann die Sonne den gleichen voreingestellten Winkel im Sextanten erreicht hat.
- Nimmt man deshalb einen großen Zwischenraum zwischen beiden Messungen, um eine deutlichere Steig- und Fallgeschwindigkeit der Sonne zu haben, können Ungenauigkeiten durch Veränderung des Schiffsorts während der beiden Messungen entstehen.

Zum letzten Punkt: Dümpelt die Yacht zwischen beiden Messungen in einer Flaute, so handelt es sich bei der Mittagslänge aus zwei gleichen Höhen um ein sehr genaues Verfahren, genauer als das Höhenverfahren mit den Pub. No. 249-Tafeln.

Läuft die Yacht – gleichgültig mit welcher Geschwindigkeit – zwischen beiden Messungen in östlicher oder westlicher Richtung, so ist das Verfahren auch genauer als das nachfolgende Verfahren nach Pub. No. 249.

Nur wenn die Yacht zwischen beiden Messungen größere Strecken in Nord- oder Südrichtung zurücklegt, können bei dieser Methode nennenswerte Ungenauigkeiten entstehen. Das leuchtet ein, wenn wir uns den Vergleich mit der Höhenmessung eines Leuchtfeuers (Seite 14) vor Augen halten. Segeln wir nach der ersten Messung nach Süden auf die Sonne zu (Leuchtfeuer!), so müssen wir mehr aufsehen, der Winkel, den wir messen, wird größer. Segeln wir nach Norden, wird der Winkel kleiner. Oder umgekehrt: wenn wir auf Südkurs die zweite Messung vornehmen, so erreicht die Sonne etwas verspätet beim Sinken den Winkel von vor Mittag, weil wir zwischenzeitlich ja näher an der Sonne dran sind. Dieses Problem läßt sich aber leicht nach folgender Regel lösen, die in allen Fällen für Yachten genügend genaue Ergebnisse (nicht schlechter als drei Seemeilen) der Mittagslänge aus zwei gleichen Höhen bringt:

● Für jede Meile, die sich das Schiff zwischen beiden Messungen zur Sonne HINZU bewegt, ist am Sextanten dem voreingestellten Winkel vor der zweiten Messung eine Minute HINZU zu zählen.
Segelt das Schiff von der Sonne WEG, so muß vor der zweiten Messung für jede Meile eine Minute am voreingestellten Sextanten WEG gezählt werden.

Merke: Zwischen beiden Messungen sollte mindestens eine Stunde liegen.

Am 11. 6. 77 steht die CIRCE ungefähr auf 40° 22′ N und 157° 47′ E. Sie läuft mit ca. 5 kn in südliche Richtung. Um 00 h 27 m 40 s UT1 wird der Sonnenunterrand mit 68° 16′ gemessen. Die Mittagsbreite gegen 1 h 27 m UT1 ergibt am Sextanten einen Winkel von 72° 32′. Um 2 h 29 m 08 s UT1 „küßt" die Sonne im voreingestellten Sextanten wieder die Kimm.
a) Welcher Winkel wurde im Sextanten voreingestellt?
b) Mittagsort?

Während die „Mittagsbreite" auch heute noch das tägliche Brot jedes Navigators auf hoher See ist, wird die „Mittagslänge" wegen ihrer begrenzten Anwendungsmöglichkeit nur von jenen verwendet, die lediglich „auch mal" astronomisch navigieren wollen, und unverständlicherweise davor zurückschrecken, sich mit dem universellen Höhenverfahren zu befassen. Dabei ist es jetzt nur noch ein kleiner geistiger Schritt, um das in der Seefahrt fast ausschließlich benutzte Höhenverfahren zu begreifen.

IX. Das Höhenverfahren oder der Trick mit dem gegißten Schiffsort

Bitte nochmals an die drei Fälle der Höhenmessung denken:

1. Der Leuchtturm steht vor der Kimm; aus Höhe des Leuchtturms und Sextantwinkel kann die Entfernung zum Leuchtturm berechnet werden (Seite 14).

   Um die Standlinie zeichnen zu können, ist notwendig:
   a) die Entfernung zwischen Leuchtturm und Beobachter,
   b) die Position des Leuchtturms auf der Karte, damit dort der Zirkel für die Standlinie (Kreis) eingestochen werden kann.

2. Auch wenn der Leuchtturm hinter der Kimm steht, kann die Entfernung von der Yacht zum Leuchtturm berechnet werden (Seite 15).

   Zum Zeichnen der Standlinie ist auch hier notwendig:
   a) die Entfernung Yacht – Leuchtturm,
   b) die Position des Leuchtturms in der Seekarte.

3. Bei einer Sonnenmessung kann aus dem gemessenen Winkel und der Höhe des Gestirns (unendlich!) die Entfernung zum Bildpunkt des Gestirns berechnet werden.

   Eine Standlinie könnte dann als Kreis gezeichnet werden mit
   a) der Entfernung Yacht – Bildpunkt des Gestirns als Radius des Kreises,
   b) der Position des Bildpunktes, damit dort auf der Karte der Zirkel eingesteckt werden kann.

Antwort von Seite 36:
a) 68° 26′; b) 40° 19′ N; 157° 45,6′ E.

Vielleicht hat so mancher Praktiker unter den Lesern, der hier nur seine Kenntnisse wieder auffrischen möchte, und auch derjenige, der sich bereits an Bord mit dem Sextanten in der Hand arbeiten sieht, bereits bemerkt, daß mit dem Gleichnis von der Höhenwinkelmessung eines Leuchtturms das Prinzip der Astronavigation wohl einleuchtend dargelegt ist, daß aber in der Praxis Schwierigkeiten auftauchen werden. Um einen Kreis, also die Standlinie, um das Leuchtfeuer oder den Bildpunkt des Gestirns in der Seekarte schlagen zu können, ist natürlich Voraussetzung, daß darauf sowohl der Schiffsort als auch die Position des Leuchtfeuers oder der Bildpunkt eingezeichnet werden können. Hier ergeben sich nun in der Astronavigation einige Schwierigkeiten. Betrachten wir einmal den Weg der Sonne um die Erde, also die jeweilige Position des Bildpunktes. Beim Durchblättern des N. J. stellen wir dabei fest, was wir ohnehin in der Schulzeit schon gelernt haben, was uns aber vielleicht damals nicht so richtig bewußt wurde. Am 21. Dezember, also im tiefsten Winter, rast der Bildpunkt der Sonne von Ost nach West auf seiner südlichsten Bahn entlang, nämlich auf S 23° 26,1′. Die Sonne ist an diesem Tag von unseren Breiten am weitesten entfernt, was im übrigen auch der Grund für die niedrigen Temperaturen in Deutschland ist. Am 21. Juni dagegen ist uns die Sonne bereits bis auf N 23° 26,5′ entgegengekommen, es ist Hochsommer. Wenn wir aber berücksichtigen, daß ein Breitengrad 60 Seemeilen entspricht, so verbleibt unter den günstigsten Bedingungen, also Hochsommer-Mittag, immer noch von der Ostsee aus gesehen eine Entfernung vom Sonnenbildpunkt von ca. 31 Breitengraden, das sind

1860 Seemeilen. Wir müßten also für unsere Navigation in der Ostsee eine Seekarte benutzen, auf der sowohl unsere Schiffsposition eingezeichnet werden kann, als auch die jeweilige Position des Bildpunktes enthalten wäre. Das hieße für eine Sonnenstandlinie am Nachmittag immerhin von der Ostsee bis nach Westindien. Andererseits bräuchten wir bei der Navigation in der Karibik für eine Morgenstandlinie eine Seekarte, die bis Afrika reicht, wie die Zeichnung zeigt.

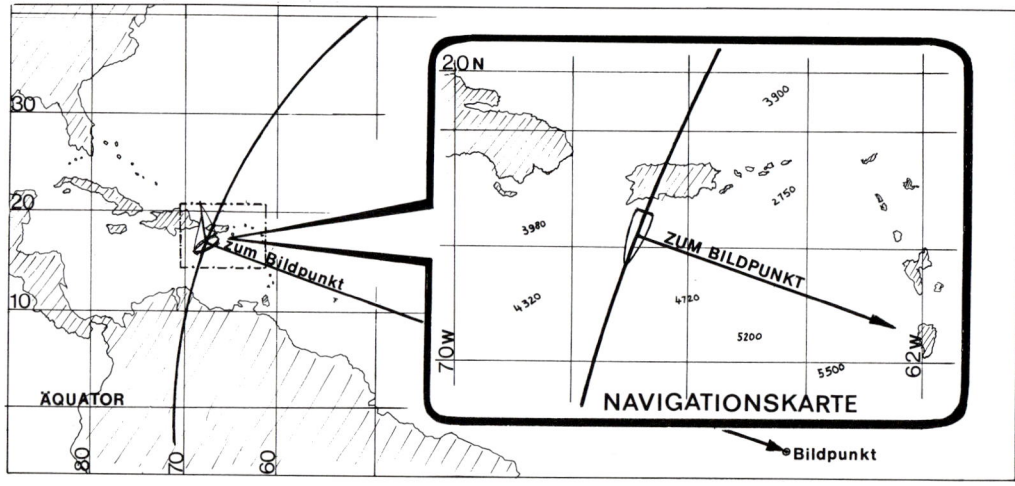

Daß mit einer derartigen Karte keinerlei genaue Standlinien selbst mit dem spitzesten Bleistift zu erhalten sind, dürfte einleuchten. Bis auf wenige Sonderfälle ist das bisher erklärte Prinzip der Astronavigation also nicht zu gebrauchen. Das heißt aber nicht, daß alle unsere Überlegungen bis hierher umsonst waren und sich der Leser gar aufs Glatteis geführt sieht, sondern nur, daß nach einem Weg gesucht werden muß, um diesen geringfügigen praktischen Schwierigkeiten aus dem Wege zu gehen. Dieser letzte Gedankenschritt, der zum Verständnis des heute allgemein gebräuchlichen Höhenverfahrens noch fehlt, ist keineswegs nur von hochintelligenten Menschen zu begreifen, sondern sicher auch von jenen, die noch nie navigiert haben.

Also: Stellen wir uns noch einmal das Dreieck vor, das beim Berechnen der Entfernung von einem Leuchtfeuer hinter der Kimm als gedankliche Stütze benutzt wurde. Wie bereits ausgeführt, läßt sich die Entfernung vom Bildpunkt des Gestirns (Fußpunkt des Leuchtturms) aus dem Winkel „Gestirn – Beobachter – Kimm" berechnen. Es ist einleuchtend, daß man umgekehrt auch den Winkel berechnen könnte, wenn die Entfernung „Bildpunkt – Schiff" bekannt wäre. Nun kennen wir natürlich nicht unseren Schiffsort, den wollen wir ja mit astronomischen Standlinien erst bestimmen. Aber zumindest läßt sich die Entfernung „Bildpunkt – *gegißter* Schiffsort" ausrechnen. Diese Rechnung müssen wir natürlich nicht durchführen. Es ist nur wichtig, daß wir uns genau vergegenwärti-

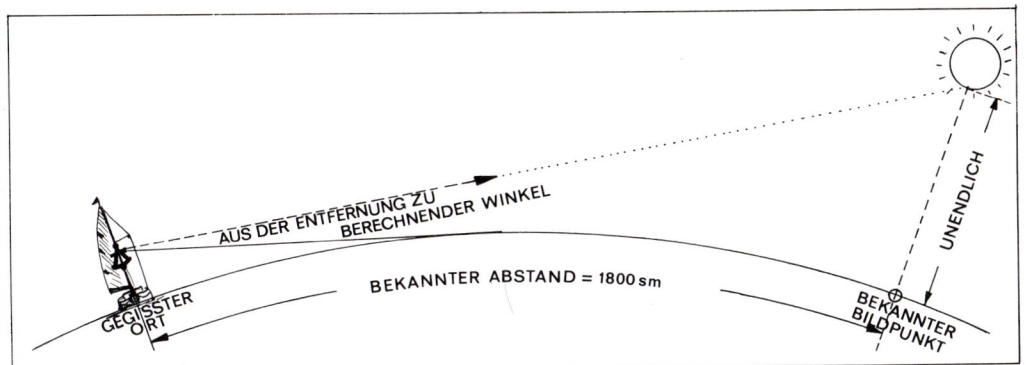

gen, daß die – mathematisch einfache – Möglichkeit hierzu besteht. Aus der Entfernung aber läßt sich dann logischerweise ganz genau auch der Winkel berechnen, der an Bord (*wenn* sich das Schiff genau auf dem geschätzten Schiffsort befinden würde) zwischen Horizont und Sonne gemessen würde.

Wird dieses Gedankenspiel nur ganz wenig fortgeführt, fehlt noch ein kleiner Schritt, um das Höhenverfahren voll und ganz zu erklären: Messen wir in der Praxis an unserem gegißten Schiffsort die Sonne und erhalten tatsächlich genau denselben Winkel, den wir berechnet haben, dann würden wir uns – und jetzt Vorsicht – nicht unbedingt im gegißten Schiffsort befinden, sondern auf dem Teil des Kreises um den Bildpunkt, der genau die gleiche Entfernung zum Bildpunkt hat wie der gegißte Schiffsort und der selbstverständlich auch durch den gegißten Schiffsort läuft.

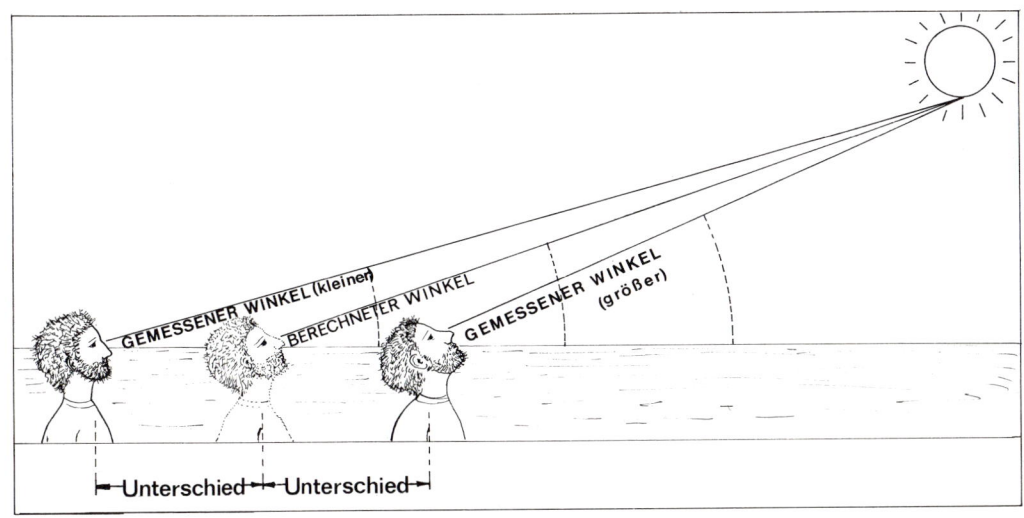

Dies ist ein nicht sehr wahrscheinlicher Fall. In der Praxis spielt sich das fast immer etwas anders ab: Die Sonne wird gemessen, die Zeit der Messung sekundengenau festgestellt, damit – und das ist der einzige Sinn der genauen Zeitmessung – die Bildpunktposition genau berechnet werden kann. Anschließend wird der Winkel berechnet, der gemessen worden wäre, hätte sich das Schiff genau auf der gegißten Position befunden. Doch tatsächlich wurde ein geringfügig anderer Winkel (je kleiner der Unterschied zum berechneten Winkel, um so besser) gemessen. Und nun noch einmal zurückdenken an die Zeichnung mit dem Leuchtfeuer hinter der Kimm! Ist der tatsächlich gemessene Winkel kleiner als der für den gegißten Schiffsort berechnete, so befindet sich das Schiff etwas weiter vom Bildpunkt entfernt, ist der Winkel

größer, muß der Navigator also mehr zum Leuchtfeuer (Sonne) aufsehen, so ist das Schiff näher am Bildpunkt dran.

Das Ziel der astronomischen Navigation ist und bleibt aber immer die Standlinie. Allein mit dem Wissen, daß wir soundsoviele Meilen vom Bildpunkt weiter weg als die gegißte Schiffsposition sind, ist uns noch nicht viel gedient. Wir wollen ja eine Standlinie zeichnen. Die Standlinie ist der Kreis um den Bildpunkt. Bei einer Entfernung von mehreren tausend Meilen zum Bildpunkt aber ist der Kreisausschnitt, der über unsere Karte läuft, nur noch so wenig gekrümmt, daß er praktisch zur Geraden wird (so wie bei der Mittagsbreite auf Seite 26). Diese Gerade können wir aber noch nicht zeichnen, weil wir ihre Richtung nicht kennen. Deshalb letzte Gedankenübung: Wenn wir uns den Kreisabschnitt, der

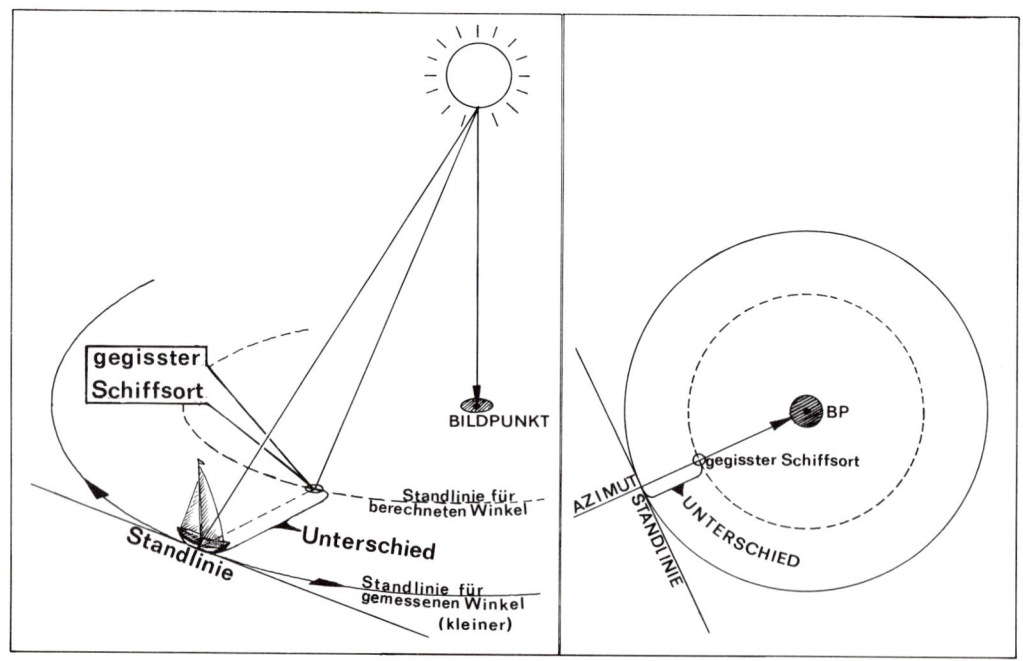

unsere Standlinie sein wird, so groß vorstellen, daß eine Krümmung nicht mehr sichtbar ist, dann stellen wir fest, daß diese Gerade genau im rechten Winkel zu einem gedachten Radius (der natürlich zum Kreismittelpunkt = Bildpunkt führt) verläuft.

Um sie zeichnen zu können, muß deshalb auch berechnet werden, in welcher Richtung (= Azimut) der Bildpunkt liegt. (Zeichnung Seite 40 genau ansehen!)

Mancher Leser wird sich fragen, warum die Richtung zum Bildpunkt, die ja der rechtweisenden Peilung zum Gestirn entspricht, berechnet werden soll und nicht mit dem Handkompaß gepeilt wird. Ganz einfach: Die dabei entstehenden Peilfehler würden zu unzulässig groben Ungenauigkeiten führen. Ist es dann aber exakt genug, die Richtung vom gegißten Schiffsort, in dem wir uns ja mit einiger Sicherheit nicht befinden, für die Konstruktion unserer Standlinie zu verwenden? Ja, denn bei der ungeheuren Entfernung zum Bildpunkt müßte unser gegißter Schiffsort schon mehr als 30 Meilen von unserem tatsächlichen Schiffsort entfernt sein, damit sich hier eine Ungenauigkeit von mehr als 1 Grad einschleichen würde und zeichnerisch zu spüren wäre.

Das ist also das ganze Geheimnis der astronomischen Navigation. Wenn der Leser genau die vorangegangenen Überlegungen mitgedacht hat, wird er keine Schwierigkeiten haben, auch in der Praxis sofort eine Standlinie zeichnen zu können. Zur Erinnerung noch einmal die einzelnen Schritte:

1. Es wird der gegißte Schiffsort festgestellt.

2. Das Gestirn wird gemessen und der Meßzeitpunkt auf die Sekunde genau abgelesen.

3. Es wird der Winkel berechnet, der gemessen hätte werden müssen, wenn das Schiff genau auf dem gegißten Schiffsort gewesen wäre.

4. Es wird der Unterschied in Winkelminuten zwischen berechnetem und tatsächlich gemessenem Winkel festgestellt (1 Winkelminute entspricht auf der Erdoberfläche genau 1 Seemeile).

5. Es wird die Richtung zum Bildpunkt berechnet, um auf dieser Geraden dann den Unterschied zwischen gemessenem und errechnetem Winkel vom gegißten Schiffsort zum Gestirn hin oder vom Gestirn weg abtragen zu können.

X. Hilfsmittel zur Berechnung von Höhenwinkel und Azimut

Keine Schwierigkeit bereitet es, den Unterschied zwischen berechnetem und gemessenem Winkel herauszufinden. Die Berechnung des Winkels „Gestirn – Navigator – Kimm" und des Azimuts (Richtung zum Gestirn oder dessen Bildpunkt) aber ist des Pudels Kern, an dem sich die Navigationsgeister scheiden. Dabei dreht es sich immer und immer wieder um eine einzige Formel, die eigentlich für den Praktiker so uninteressant ist, daß ich auch sie in die Fußnote verbanne.*) Denn den Navigator auf See interessieren nur zwei Dinge: der berechnete Höhenwinkel, von dem der tatsächliche Sextantwinkel geringfügig abweicht, und die Richtung zum Gestirn (= Bildpunkt des Gestirns), also das Azimut.

Jetzt sind wir bei den Schlagworten angelangt, die fast jedem von uns (einschließlich des Autor) Angst vor der Astronavigation eingeflößt haben: Semiversusformel, Computerprogramme, Logarithmen usw. Dabei sind die Ängste alle umsonst gewesen. Denn es handelt sich immer um das gleiche Problem, nämlich die Fragen:

● Welchen Winkel müßte ich gemessen haben, wenn ich vom Bildpunkt so weit entfernt wäre wie der gegißte Schiffsort (dann wäre ich nämlich auf der gleichen Standlinie – dem Kreis um den Bildpunkt)?

● Wie groß ist der Unterschied zwischen gemessenem und berechnetem Winkel, um wieviel Seemeilen bin ich also am Bildpunkt näher dran oder weiter entfernt als der gegißte Schiffsort?

● In welcher Richtung (Azimut) liegt der Bildpunkt (bzw. das Gestirn), damit ich senkrecht auf diesem Azimut meine Standlinie zeichnen kann?

---

*) Höhenwinkel = arc sin [sin Declination x sin gegißte Breite + cos Declination x cos gegißte Breite
x cos (Grt ± gegißte Länge)]

$$Z = arc\ cos \left\{ \frac{sin\ Declination - sin\ gegißte\ Breite\ x\ sin\ Höhenwinkel}{cos\ Höhenwinkel\ x\ cos\ gegißte\ Breite} \right\}$$

Azimut = Z, wenn sin (Grt ± gegißte Länge) kleiner als O
Azimut = 360° – Z, wenn sin (Grt ± gegißte Länge) größer als O. Gegißte Länge muß hinzugezählt werden, wenn sie eine Ostlänge ist; Westlänge muß abgezogen werden.

Die zweite Frage ist am leichtesten zu beantworten. Hierzu brauche ich nur den berechneten Winkel mit dem gemessenen Winkel (nach Anbringen von Gb) zu vergleichen. Ist der gegißte Schiffsort einigermaßen in der Nähe des wahren Schiffsortes, so werden sich selten Unterschiede von mehr als 30 Minuten (= 30 Seemeilen) ergeben. Dies könnte ich – sollte ich aber nicht – sogar im Kopf ausrechnen.

Anders ist es mit den beiden trigonometrischen Formeln „Höhenwinkel" und „Azimut" – siehe Fußnote auf Seite 42.

Drei Hilfsmittel stehen dem Navigator als Rechenhilfe zur Verfügung:
1. Das Semiversusverfahren
2. Berechnung mit einem elektronischen Taschenrechner
3. Herauslesen von Azimut und Höhenwinkel aus nautischen Tafeln, am besten aus den H.O. 249-Tafeln

Aber wichtig: Die Unterschiede liegen nicht im Verfahren – navigiert wird immer mit dem Höhenverfahren –, sondern nur in der Wahl der Hilfsmittel zur Berechnung von Höhenwinkel und Azimut.

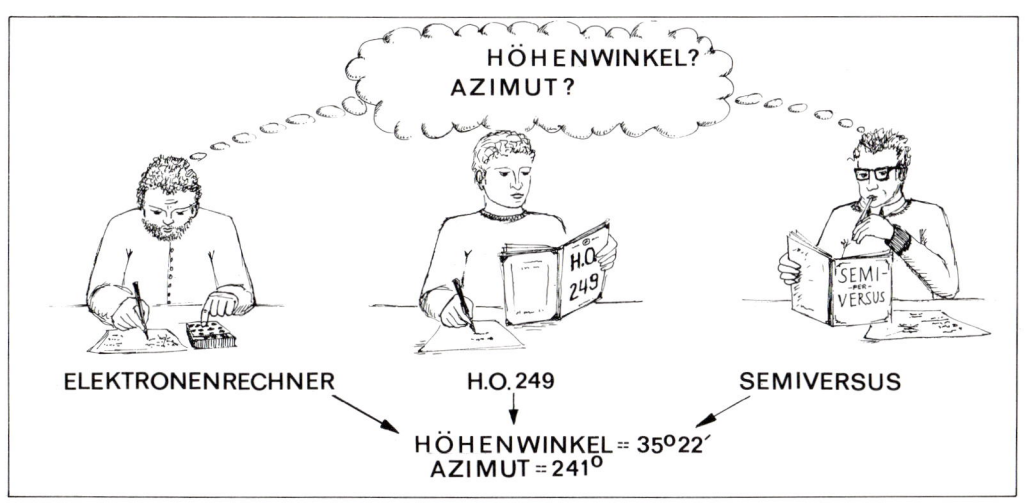

1. Semiversusverfahren

Endgültig zu den Akten können wir das berüchtigte Semiversus-Formel-Verfahren legen. Hierbei wurden die Formeln der Fußnote auf Seite 42 mit Hilfe von recht unbequem zu handhabenden Logarithmentafeln (Fulst) berechnet. Bis zu 20 Minuten waren schon nötig, um eine Standlinie auszurechnen, wobei der vorsichtige Nautiker sicher seine Rechnungen ein zweites Mal durchgerechnet hat, denn allzuleicht schlich sich bei den langen Zahlenkolonnen ein Leichtsinnsfehler ein.

2. Elektronische Taschenrechner

Dieses Kapitel soll nur einen kleinen Überblick über die Anwendung von Elektronenrechnern in der Astronavigation geben. Wer sich nicht für Taschenrechner interessiert, kann schadlos bis zur Seite 48 weiterblättern.

Jeder Leser kann sich in einem der großen Kaufhäuser für weniger als 30 DM heute so ein Wunderkästchen anschaffen, das damit kaum noch teurer als ein Rechenschieber gehobener Qualität ist. Der Taschenrechner muß nur eines haben, nämlich Tasten für Sinus, Kosinus und Tangens. Ohne größere Vorkenntnisse könnte man damit bereits die Höhenformel durchtippen und würde sicher mit viel Geduld auch die richtigen Werte erhalten. Insbesondere braucht der Navigator nicht zu wissen, was ein „Sinus" usw. ist. Die Erkenntnis „Sinus ist eine Taste auf dem Rechner" reicht aus. Aber: Diese einfachen Taschenrechner haben Nachteile: Für eine Standlinie sind zum Beispiel ca. 150 Tastendrücke nötig.

Dieser Rechner verfügt über 10 Speicher und beherrscht die Umwandlung von polaren in rechtwinklige Koordinaten. Preiswert!

Ich würde da keine Wette eingehen, daß ich immer ohne Tippfehler durchkomme. Zwischenwerte müssen notiert werden.

Ohne gedankliche Arbeit geht es auch nicht, denn diese Taschenrechner verarbeiten meist nur Dezimalbrüche und keine Zeit- und Winkeleinheiten. Manche Rechnungen sind eigentlich zu einfach für den Taschenrechner, man wird der Versuchung nicht widerstehen, so ganz schnell auch etwas im Kopf auszurechnen. Letztlich wird es dann ein „Mischmasch" aus schriftlichen Aufzeichnungen, Kopfrechnungen und Tipperei. Und wenn dann am Ende zum Beispiel „67,24" dasteht, beginnen im Ernstfall garantiert die nagenden Zweifel. Dann aber ist kein Überfliegen eines geordneten Rechenganges möglich, und man wird ein zweites Mal sich dieser Prozedur unterziehen. Hat man Glück, steht wieder im Anzeigeregister: „67,24". Erst bei viel Übung erreicht man damit die Geschwindigkeit und Sicherheit von nautischen Tafeln.

Wirklich einsatzfähig in der Astronavigation sind Rechner mit mindestens 2 Speichern (Register) und einer Taste, um polare in rechtwinklige Koordinaten und umgekehrt zu verwandeln. Allerdings auch nur dann, wenn man sich an das geniale Tastenschema von Fritz Mietsch hält, dem es bestens gelungen ist, die Höhenformel von Seite 42 unten rechnergerecht umzustellen. Mit seiner Tastenfolge läßt sich die Anzahl der Rechenschritte derart drastisch verringern, daß damit der Einsatz relativ preiswerter Rechner an Bord durchaus zu vertreten ist. Man überlege sich nun nicht lange, was die Umwandlung von rechtwinkligen in polare Koordinaten im einzelnen bedeutet, das würde die ganze Sache nur unnütz verkomplizieren. Je nach Rechnerfabrikat hat diese Taste übrigens eine verschiedene Bezeichnung. Im folgenden wird die Umwandlung von polaren in rechtwinklige Koordinaten mit „REC" und der umgekehrte Vorgang mit „POL" bezeichnet. Auch die „Aufladung" der Rechner mit den Anfangsdaten ist je nach Hersteller verschieden, deshalb wird die Eingabe sowohl für die Typen von Hewlett-Packard

Der HP 41 C ist ein Alleskönner. Freilich muß sein Benutzer auch schon recht gewieft sein, um nahezu die Möglichkeiten des HP 41 C zu erschöpfen. Taugt nichts für Leute, die ohnehin eine Abneigung gegen Rechner haben. Ansonsten ein fantastisches Spielzeug.

(HP) als auch von Texas Instruments (TI) erklärt: Die gegißte Schiffsbreite kommt bei HP in das t-Register, bei TI in das Register 1. Anschließend wird zum Greenwichwinkel die gegißte Schiffslänge hinzugezählt, wenn das Schiff auf östlicher Länge segelt, abgezogen, wenn der Schiffsort westlich ist. Das jeweilige Ergebnis wird dann noch mit einem negativen Vorzei-

chen versehen und kommt bei HP in das z-Register und bei TI in das Register 2. Die Declination wird bei HP in das y-Register und bei TI in das x-Register eingegeben. Schließlich wird bei HP das x-Register und bei TI das t-Register mit einer „1" belegt. In weniger als 1 Minute können dann folgende Tasten gedrückt werden:

bei HP	bei TI
REC	REC
x⇆y	EXC2
↓R	REC
REC	EXC2
↑R	x⇆t
POL	POL
x⇆y	SUM1
↑R	RCL1
+	REC
x⇆y	EXC2
REC	POL
x⇆y	EXC2
↓R	POL
POL	
↑R	
x⇆y	
POL	

Kaum glaublich, aber damit ist sowohl Azimut als auch der Höhenwinkel fertig gerechnet. Letzterer wird bei TI angezeigt, bei HP ist er im y-Register. Das Azimut ist bei TI in Register 2 und bei HP im z-Register. (Eine Schiffsbreite von 40° N, ein Greenwichwinkel von 30°, eine Schiffslänge von 10° W und eine Declination von 23° N ergeben beispielsweise einen Höhenwinkel von 66,03° und ein Azimut von 230,8°.) Ist das Azimut negativ, muß es noch von 360° abgezogen werden. Das Ganze geht einfach und schnell, aber bitte aufpassen, daß das richtige Format eingegeben wurde. Der Rechner verarbeitet direkt nur ganze Grade und deren Dezimalanteil, also keine Minuten und Sekunden. Südliche Breiten und Declinationen werden negativ eingetippt.

Wirklich gut eignen sich jene Rechner, bei denen der Navigator die vorangegangene Tastenfolge einprogrammieren kann. Das geschieht durch einmaliges Eintippen der Programmschritte und anschließendes Aufzeichnen des Programms auf Magnetkarten. Oder man benutzt einen Rechner mit einem dauerhaften „Gedächtnis", das heißt, der Computer merkt sich das Programm nach dem Ausschalten noch. Je nach Anzahl der Programmschritte, die der Rechner aufnehmen kann, kostet so ein Spielzeug 200 bis 1000 Mark. Einige von ihnen sind schon richtige Computer, arbeiten mit der Programmsprache BASIC. In sie kann ebenfalls die Tastenfolge von Mietsch (siehe vorangegangene Seite) – sehr sorgfältig – eingetippt werden:

```
100 INPUT "BREITE ?";E
110 INPUT "LAENGE ?";L:T=1
120 INPUT "GRT ?";G:Z=(G-L)x-1
130 INPUT "DECLINATION ?";X
140 GOSUB 300:GOSUB 240
150 GOSUB 300:GOSUB 240
160 P=T:T=X:X=P
170 GOSUB 260:E=E+X:X=E
180 GOSUB 300:GOSUB 240
190 GOSUB 260:GOSUB 240
200 GOSUB 260
210 IF Z<0 THEN Z=Z+360
220 PRINT "HC:";X;" AZ:";Z:PAUSE
230 END
240 Y=Z:Z=X:X=Y
250 RETURN
260 C=SQR (T^2+X^2):X=ATN(X/T)
270 IF T<0 THEN X=X+180
280 T=C
290 RETURN
300 IF X<0 THEN X=X+360
310 I=COS(X) x T:J=SQR(T^2-I^2)
320 T=I:IF X>180 THEN J= – J
330 X=J
340 RETURN
```

Der Computer fragt hier der Reihe nach nach den Eingaben (die dezimal eingetippt werden müssen!) und zeigt wenige Sekunden später gleich Azimut und Höhenwinkel an. Dieses Beispiel zeigt, welch herrliche Spielzeuge die „Vollprogrammierbaren" sind – und trotzdem: Auf einem Langtörn wird immer am meisten Verlaß sein auf einfache Tafelwerke wie zum Beispiel die H.O. 249.[1]

Es ist nicht so, daß vom Autor elektronische Taschenrechner abgelehnt werden. In einigen Jahren wird es mit Sicherheit keinen Kartentisch ohne Elektronenrechner mehr geben. Aber eine gesunde Skepsis vor den ausgespuckten Ergebnissen sollte immer bestehen bleiben. Eine verstaubte Magnetkarte in einem voll programmierbaren Rechner kann auch mal falsche Ergebnisse verursachen, die hinterlistigerweise so nahe an den korrekten Rechenwerten liegen können, daß sie nur bei übergroßer Vorsicht entdeckt werden können.[2]

In den letzten Jahren sind Spezial-Navigationsrechner auf den Markt gekommen, deren Clou es ist, daß sie die Bildpunktkoordinaten gleich einprogrammiert haben. So kennt das Naviprog-Modul die Positionen von Sonne, Venus und vierzig Sternen bis zum Ende des Jahrhunderts. Der YACHT-Computer, ein festverdrahtetes Navigationsmodul, das in den Rechner von Hewlett-Packard HP 41 CV eingeschoben wird, hat sogar alle Navigationsgestirne (Sonne, Mond, Planeten und 60 Sterne) für die nächsten hundert Jahre einprogrammiert. Er läßt sich mit einem hochgenauen Uhrenmodul koppeln, so daß für einen Schiffsort aus zwei Gestirnsmessungen (mit oder ohne Versegelung) nur noch die Eingabe der gemessenen Winkel und die Art des Gestirns notwendig ist. Fertig ist der Schiffsort nach Länge und Breite. Datum und Uhrzeit holt er sich aus dem Uhrenmodul, die Jahrbuchdaten berechnet dieses technische Wunderwerk automatisch.

Der YACHT-Computer beherrscht alle Aufgabenstellungen der Bordpraxis aus der terrestrischen bis zur astronomischen Navigation. Alle Navigationsgestirne sind für die nächsten hundert Jahre vorprogrammiert. Wird ein hochgenaues Zeitmodul eingesteckt, übernimmt er Weltzeit und Datum automatisch auf Tastendruck.

Bei solchen Spitzenleistungen der Elektronik drängt sich die Frage auf, ob man sich da wirklich mit einfachen nautischen Tafeln, wie es die H.O. 249 nun mal sind,

überhaupt noch befassen soll. Die Antwort gibt das Gesetz der Seemannschaft. Elektronik kann immer versagen! Sollte nicht auch auf jeder Yacht ein bewährtes Handlot an Bord sein, selbst wenn ein Echolot eingebaut ist? Oder hat jemals das Relingslog versagt, wenn die elektronische Logge ausgefallen ist? Die H.O. 249 funktionieren immer.

Ein falscher Standort kann zum Verlust des Schiffes führen, wenn man sich darauf verläßt. Deshalb ein dringender Ratschlag an den angehenden Hochseenavigator:

Astronavigation mit nautischen
Tafeln? – Ja!
Astronavigation mit nautischen Tafeln
und Elektronenrechner? – Ja!
Astronavigation – nur mit Elektronenrechner? – Auf keinen Fall!

---

[1] Die 6bändigen H.O. 229 (nunmehrige offizielle Bezeichnung ist Pub. No. 229) sind etwas genauer als die 3bändigen Pub. No. 249. Das Prinzip ist in beiden Fällen gleich. Die Pub. No. 229 haben aber keinen Band, der dem Band 1 – „selected stars" – entspricht. Die veralteten Pub. No. 214 werden nicht mehr gedruckt.

[2] Hier ist vielleicht interessant, was einer der erfahrensten deutschen Hochseesegler, Reinhard Laucht, zu diesem Thema anläßlich der Schlimbach-Preisverleihung in einer vielbeachteten Rede ausführte (auszugsweise zitiert aus BOOTE): „Zum Schluß möchte ich noch kurz auf die allerneueste Entwicklung in der Navigation eingehen. Der Navigator, der etwas auf sich hält, hat ein neues Statussymbol: den Taschenrechner. Und alle vierzehn Tage wieder beschert man uns neue Rechenaufgaben aus der Navigation, vornehmlich der astronomischen. Astronomisch sind auch die Preise dieser kleinen Wunderwerke technischen Fortschritts. Mal angenommen, Ihnen fällt so ein kleines Magnetkärtchen herunter, auf dem das Programm drauf ist. Es ist gerade Abenddämmerung, Sie haben ein paar Sternhöhen genommen, und nun liegt das Kärtchen in der Bilge – was bleibt Ihnen übrig, als die Tafeln herauszuholen? Die H.O.-Tafeln, ausreichend Rechenvordrucke, Schmierpapier, größere Mengen Bleistifte nebst Anspitzer und auch noch einen Radiergummi erhalten Sie für vielleicht 100 DM. Die Tafeln haben den großen Vorteil, daß man mehrere Jahre mit ihnen arbeiten kann. Die paar Minuten, die Sie sparen, wenn Sie den Rechner benutzen, sind auf See völlig uninteressant. Der Fortschritt ist teuer."

XI. Die H.O. 249-Tafeln*)

3. Höhentafeln

Mit nautischen Tafeln, besonders mit den beliebten dreibändigen H.O. 249, läßt sich eine Standlinie in 5 Minuten ausrechnen und mit einem Blick die Richtigkeit der Rechnung überfliegen. Die Genauigkeit ist sogar für die Großschiffahrt ausreichend, deshalb ist es müßig, sich hierbei um die 10tel Meilen zu streiten. Und Astronavigation mit Sternen geht in der Praxis am besten mit den Tafeln H.O. 249. Was hilft mir nämlich die sekundenschnelle Ausrechnung einer Deneb-Standlinie mit dem Computer, wenn ich dieses Sternchen gar nicht finden kann. Dies ist dem Urlaubssegler in der Praxis aber mit dem ersten Band der H.O. 249 möglich. Aus diesen Gründen sind auch in Zukunft die H.O.-Tafeln bestimmt nicht zu verdrängen.

Sie (hier sind zunächst gemeint Band II und Band III) haben keine weitere Funktion, als uns zu sagen,

● wie groß der Winkel im Sextanten zwischen Kimm und Gestirn für einen bestimmten Ort und einer bestimmten Bildpunktposition und
● wie die Richtung (Azimut) zu diesem Bildpunkt (Gestirn) ist.

Wenn wir also in der Praxis nach getaner Arbeit die Tafel zuschlagen, so werden wir uns nur drei Werte notiert haben:

1. Der Ort, für den der Höhenwinkel errechnet ist.
2. Der Höhenwinkel selbst in Grad und Minuten.
3. Die Richtung zum Bildpunkt (Azimut).

Aus dem Unterschied zwischen gemessenem und berechnetem Winkel ergibt sich dann die Meilenzahl, um wieviel die senkrecht auf dem Azimut stehende Standlinie entweder vom Gestirn weiter weg oder näher zum Gestirn hin als vom Rechenort gezeichnet wird.

Geht man von den bisherigen Überlegungen aus, leuchtet es ein, daß errechneter Winkel und Azimut nur dann aus den Tafeln herausgelesen werden können, wenn mit folgendem Wert in die Tafel eingegangen wird:

Die Breite des Bildpunktes
(Declination)
Die Länge des Bildpunktes
(Greenwichwinkel)
Die Breite der Schiffsposition
Die Länge der Schiffsposition

---

*) Die H.O. 249 sind inhaltlich identisch mit den englischen Tafeln AP 3270.

Wer daraufhin nun in der H.O. 249 (siehe Anlage 1, 2) blättert, wird etwas enttäuscht sein, denn lediglich die Declination und die Schiffsbreite sind Überschriften, die mit obigen 4 Eingängen ohne weitere Überlegungen zu vereinbaren sind. Es ergeben sich jedoch nur scheinbar Schwierigkeiten. Zunächst findet sich als Tafeleingang weder die Schiffslänge noch der Greenwichwinkel, dafür aber „LHA" (Local Hour Angle). Tatsächlich ist der LHA nichts anderes als der zusammengefaßte Greenwichwinkel und die Länge des Schiffsortes:

> Der LHA ist der Längenunterschied vom Schiffsort zum Bildpunkt nach Westen gesehen.

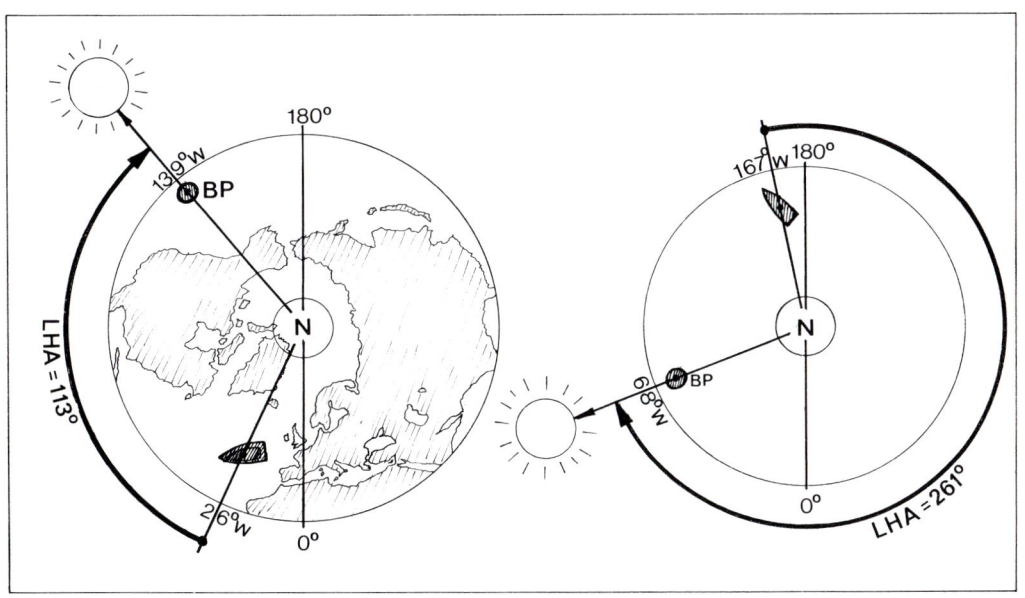

Die H.O. 249 wurden nämlich im 2. Weltkrieg entwickelt, um möglichst schnell und einfach in Langstreckenbombern astronomische Standlinien zu erhalten. Natürlich versuchte man das Prinzip so weit zu vereinfachen wie nur irgendwie möglich, so daß wir uns trösten können, daß die paar Überlegungen, die wir noch vor uns haben, lediglich der Vereinfachung dienen. Erfahrungsgemäß werden in der astronomischen Navigation die meisten Leichtsinnsfehler beim Ausrechnen des LHAs gemacht. Deshalb wird hier dringend geraten, auch später in der Praxis bei jeder Standlinie (und kommt man sich noch so geübt vor) eine einfache Handskizze mit Blick auf den Nordpol zu machen. Der Grund für die oftmaligen Fehlrechnungen liegt in dem schon zu Beginn erwähnten Unterschied in der Bezeichnung der Länge des Bildpunktes und der Länge des Schiffsortes. Zur Erinnerung:

> Die Schiffslänge wird in Längengraden von Greenwich (0 Grad) aus nach Westen bis 179°W und 180° sowie nach Osten bis 179° E gezählt, während beim Greenwichwinkel die Längengrade nach Westen ganz um die Erde bis 360° laufen.

Befinden wir uns auf 10°E und wäre zufällig der Bildpunkt genau auf unserer Länge, dann wäre der Greenwichwinkel dementsprechend 350° (ohne Bezeichnung Ost oder West! – Siehe auch Seite 19).
Man kann sich durchaus bei jeder Rechnung diese Zusammenhänge im einzelnen nochmals durch den Kopf gehen lassen oder man benutzt ganz einfach folgende Gleichung:

> Schiffsposition Ostlänge
> LHA = Greenwichwinkel + Ostlänge
>
> Schiffsposition auf Westlänge
> LHA = Greenwichwinkel – Westlänge

Unter Umständen ist es sogar ratsam, im „Ernstfall" diese Rechnung ganz mechanisch durchzuführen, denn ein von Seekrankheit gequältes Gehirn ist vielleicht noch zum Abschreiben dieser Primitiv-Regeln, nicht aber zu tieferen Überlegungen mehr fähig. Überflüssig zu erwähnen, daß der LHA natürlich kein Vorzeichen oder gar eine West- oder Ost-Bezeichnung erhält.

Ergeben sich bei der Berechnung des LHAs bei Schiffsostlängen Beträge über 360°, so werden 360° abgezogen. Bei Schiffswestlängen kann es vorkommen, daß 360° „zu leihen", genommen werden müssen, um die Berechnung ohne Minuswerte durchführen zu können. Letzterer Fall, das sollten wir uns zur gedanklichen Übung durchdenken, kommt bei der Sonne z. B. dann vor, wenn sie uns bei ihrem täglichen Rundlauf noch nicht eingeholt hat, also nur am Vormittag. Denn, ganz wichtig:

> Der LHA zählt nur von der Schiffslänge nach Westen!

Am 1. 4. 77 um 18 h 29 m 10 s UT1 befinden wir uns auf 40° 24′ N und 59° 14′ W. Wie groß ist der LHA? Beim Rechnen immer eine Handskizze zu Hilfe nehmen!

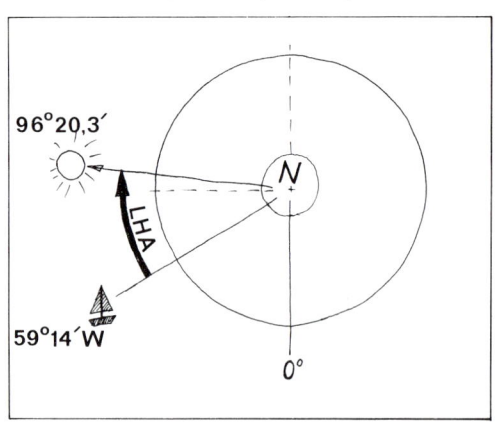

Grt	89° 02,8′
Zuwachs	+ 7° 17,5′
	96° 20,3′
Schiffslänge	— 59° 14′
LHA	= 37° 06,3′

50

Die Schiffslänge am 31. 3. 77 um 16 h 52 m 20 s UT1 beträgt 11° 49' E. Wie groß ist der LHA?

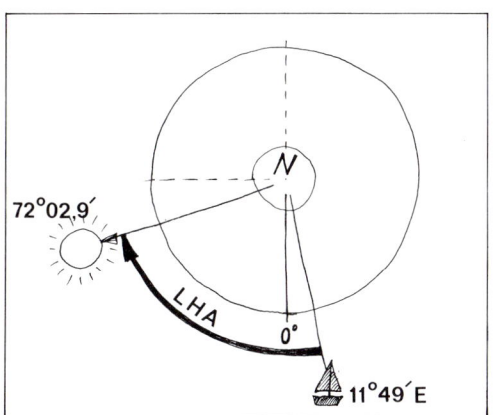

Grt	58° 57,9'
Zuwachs	+ 13° 05,0'
	72° 02,9'
Schiffslänge	+ 11° 49'
	83° 51,9'

Am 11. 6. 77 beträgt die Schiffslänge um 13 h 54 m 22 s UT1 170° 29' W. Wie groß ist der LHA?

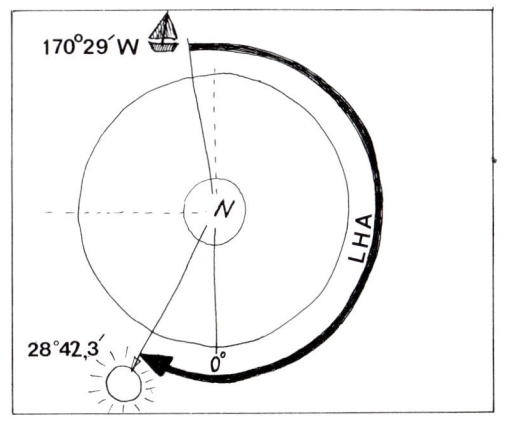

Grt	15° 06,8'
Zuwachs	+ 13° 35,5'
	28° 42,3'
	+ 360°
	388° 42,3'
Schiffslänge	— 170° 29'
LHA	= 218° 13,3'

Am 11. 6. 77 beträgt die Schiffslänge 136° 22' E um 03 h 31 m 02 s UT1. LHA?

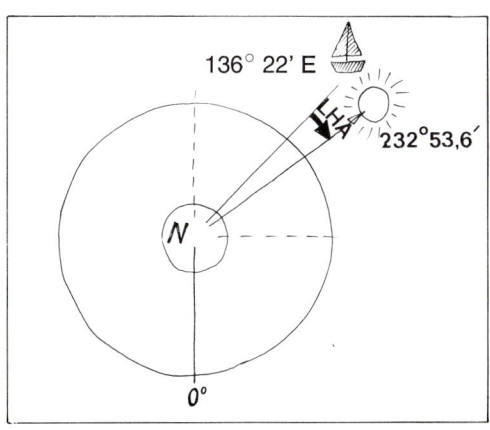

Grt	225° 08,1'
Zuwachs	+ 7° 45,5'
	232° 53,6'
Schiffslänge	+ 136° 22'
	369° 15,6'
	— 360° 00,0'
LHA	= 9° 15,6'

Auf keinen Fall sollte der Leser weitergehen, bevor er nicht hundertprozentig die folgenden Aufgaben fehlerfrei lösen kann. Nur wenn er alle acht Beispiele ohne Fehler gerechnet hat, hat es einen Sinn, weiterzumachen. Deshalb mein Rat: Alle Aufgaben durchrechnen und erst dann mit den Lösungen vergleichen.

XII. Jetzt geht's in die Tafel

Ist auch nur ein einziger LHA falsch berechnet, unbedingt nochmals rechnen!

Und nicht vergessen:
● Der LHA zählt von der Schiffslänge nach Westen!

Die Handskizze mit Blick auf den Pol – wie Seite 50/51 – erleichtert die Lösung der Aufgabe wesentlich! Der LHA ist deshalb so wichtig, weil er ein Eingang in die H. O. 249 ist. Also: Ohne LHA keine Astronavigation – weder mit Semiversus noch mit Rechner noch mit Tafeln!

a) gegißte Schiffslänge am
11. 6. 77 um 17 h 29 m 10 s UT1
14° 22′ W. LHA?

b) gegißte Schiffslänge am
11. 6. 77 um 02 h 53 m 21 s UT1
111° 14′ W. LHA?

c) gegißte Schiffslänge am
1. 4. 77 um 09 h 30 m 49 s UT1
10° 19′ E. LHA?

d) gegißte Schiffslänge am
12. 6. 77 um 22 h 54 m 04 s UT1
120° 29′ W. LHA?

e) gegißte Schiffslänge am
1. 4. 77 um 08 h 31 m 11 s UT1
94° 02′ E. LHA?

f) gegißte Schiffslänge am
11. 6. 77 um 23 h 31 m 14 s UT1
160° 24′ E. LHA?

g) gegißte Schiffslänge am
1. 4. 77 um 01 h 54 m 09 s UT1
179° 27′ W. LHA?

h) gegißte Schiffslänge am
31. 3. 77 um 22 h 30 m 47 s UT1
174° 39′ E. LHA?

Gleich rechnen wir nun die erste Standlinie aus. Nur eines muß noch bedacht werden. Natürlich ist es nicht möglich, mit einem x-beliebigen gegißten Schiffsort in die H. O. 249 einzugehen, denn diese relativ schmalen Bände können nicht für alle Orte auf der Erdoberfläche berechnet sein. Das macht aber weiter nichts aus, denn unser gegißter (geschätzter) Schiffsort ist ja ohnehin mit einiger Wahrscheinlichkeit nicht genau der Ort, auf dem wir uns befinden. Die H. O. 249 ist zwar für eine außerordentlich hohe Anzahl von ganz bestimmten Schiffsorten vorausberechnet, unter denen sich aber kaum unser gegißter Schiffsort befindet. Unsere letzte Aufgabe muß also sein, einen *Rechenort* zu finden, für den die H. O. 249 Höhenwinkel und Azimut ausgerechnet hat und der sich so nahe als möglich beim gegißten Schiffsort befindet.

In der H. O. 249 sind Höhenwinkel und Azimut für Rechenorte berechnet, die

auf einer ganzgradigen Breite liegen und
mit dem Greenwichwinkel einen ganzgradigen LHA bilden.

Sowohl Schiffsbreite als auch Schiffslänge müssen also etwas „manipuliert" werden, damit sie sich für die H. O. 249 eignen. Das beeinflußt nicht die Genauigkeit der Methode, denn der gegißte (also geschätzte) Schiffsort liegt ja sowieso meistens neben dem wahren Schiffsort. Die Kunst besteht lediglich darin, daß wir den *nächsten* Rechenort finden. Bei der Breite ist dies sehr einfach. Die Rechenortbreite muß ja nur ganzgradig sein. Wir brauchen dazu unsere gegißte Schiffsbreite nur auf- oder abzurunden, je nachdem, wo wir glauben zu sein. Schätzen wir zum Beispiel unsere Breite mit 40°31′N, so ist die Rechenbreite für die H.O.249 eben 41°N. Glauben wir dagegen, auf 40°29′N zu sein, so runden wir ab auf 40°N. Dies ist so einfach, daß wir das nicht lange üben müssen.

Antworten von Seite 52

a)	68°01,8′	b)	112°14,5′
c)	332°02,4′	d)	43°04,6′
e)	40°50,7′	f)	333°18,0′
g)	28°04,9′	h)	331°19,9′

Etwas anderes ist es mit dem LHA, und ich weise hier gleich darauf hin, daß der Anfänger damit meist die größten Schwierigkeiten hat. Deshalb aufgepaßt:

Der LHA muß ebenfalls wie die Breite ganzgradig sein, um damit in die H.O.249 eingehen zu können. Der Leser mag sich nun fragen, wo hier die Schwierigkeiten liegen, denn es ist ja nichts dabei, zum Beispiel die 8 LHAs, die wir auf Seite 52 ausgerechnet haben, auf- oder abzurunden. Damit hat der Leser recht, das ist tatsächlich eine Frage von Sekunden – ohne große Rechnereien. Die vermeintlichen Schwierigkeiten kommen auch erst am Schluß, wenn die Standlinie gezeichnet wird. Deshalb noch einmal zurückdenken:

Eine astronomische Standlinie ist nichts anderes als ein Kreis (Standlinie) um den Bildpunkt.
In der Praxis läßt sich aber das Prinzip des Höhenwinkels beim Leuchtturm nicht ohne weiteres in der Seekarte verwenden. Zwar kann die Entfernung Bildpunkt – Beobachter ohne weiteres berechnet werden, doch sind Bildpunkt und Beobachter meistens so weit auseinander, daß beide Orte nicht auf einer Karte liegen, so daß die Standlinie gar nicht gezeichnet werden kann.

Beim Höhenverfahren hilft man sich deshalb mit dem Trick: Man berechnet den Winkel, den man messen müßte, wäre das Schiff auf dem gegißten Schiffsort, und vergleicht anschließend den so berechneten Winkel mit dem tatsächlich gemessenen Winkel (nach Anbringung von Gb).

Der Unterschied zwischen beiden Winkeln in Minuten ergibt die Meilenzahl, um die das Schiff näher am Bildpunkt dran oder weiter vom Bildpunkt weg ist.

Der Unterschied muß dann auf dem Azimut vom Bildpunkt weg oder zum Bildpunkt hin vom gegißten Schiffsort aus abgetragen werden.

Berechneten Winkel und Azimut (Richtung zum Gestirn) entnehmen wir aus der H.O.249.

Die H.O.249 ist nur für ganz bestimmte Orte berechnet, nämlich die Rechenorte.

Nachdem unser gegißter Schiffsort ohnehin nicht stimmt, können wir ohne weiteres einen nahegelegenen Rechenort verwenden.

Der Rechenort muß folgende zwei Voraussetzungen erfüllen:
a) die Breite muß ganzgradig sein,
b) die Länge muß mit dem Greenwichwinkel zusammen einen ganzgradigen LHA ergeben.

Das Problem liegt also darin:
Es reicht nicht aus, den LHA einfach auf- oder abzurunden, sondern wir müssen auch die genaue Rechenortlänge wissen, die zu dem ganzgradigen LHA geführt hat. Denn:
Der Unterschied zwischen berechnetem

und gemessenem Winkel muß am Schluß in der Seekarte vom *Rechenort* zum Gestirn hin oder vom Gestirn weg getragen werden. Die Ergebnisse der H. O. 249 beziehen sich ja ausschließlich auf den Rechenort. Der gegißte Schiffsort hat nur eine einzige Aufgabe:

Er muß den Navigator zum *nächstgelegenen* Rechenort führen.

Ist der Rechenort mit der *nächstgelegenen* ganzgradigen Breite, dessen Länge mit dem Greenwichwinkel (Länge des Bildpunktes) den *nächsten* ganzgradigen LHA bildet, gefunden, so kann der gegißte Schiffsort ruhig vergessen werden.

Der Tafeleingang „LHA" wird also in drei Schritten gefunden:
1. Der LHA wird aus Greenwichwinkel und gegißter Schiffslänge genau ausgerechnet (Seite 50/51).
2. Dieser LHA wird zum *nächsten* ganzgradigen LHA auf- oder abgerundet. Noch ist aber nicht die Rechenortlänge bekannt, die mit dem (vom Meßzeitpunkt genau festgelegten) Greenwichwinkel den ganzgradigen LHA bildet.
3. Bei Ost-Schiffslänge wird vom *ganzgradigen* LHA die Bildpunktlänge abgezogen, um die genaue Rechenortlänge zu erhalten.
   Bei West-Schiffslänge wird von der Bildpunktlänge der *ganzgradige* LHA abgezogen, um die genaue Rechenortlänge zu erhalten.

Der dritte Schritt hat also nur die Aufgabe, die Rechenortlänge zu finden, die den ganzgradigen LHA gebildet hat.

Also beispielsweise: geschätzte Schiffslänge am 31. 3. 77 um 15 h 29 m 29 s UT1 ca. 10° 08' E.

Grt	43° 57,7'
Zuwachs	7° 22,3'
	51° 20,0'
Schiffslänge (Ost) +	10° 08,0'
LHA =	61° 28,0'

Der *nächste* ganzgradige LHA ist 61° – nicht etwa 62°, weil letzterer ja mehr als 30', nämlich 32' von 61° 28,0' „entfernt" ist. Welche Rechenortlänge bildet aber nun den LHA von 61°? Hierzu „holen" wir die Bildpunktlänge aus dem LHA einfach wieder heraus (siehe oben Nr. 3)!

	61° 00,0'
	— 51° 20,0'
Rechenortlänge:	9° 40' E

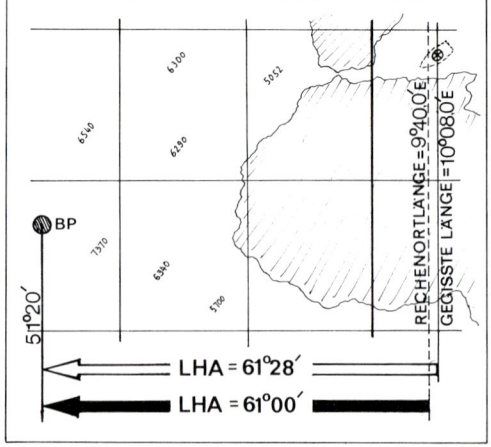

Oder: geschätzte Schiffslänge am 1. 4. 77
um 16 h 52 m 12 s UT1 ca. 109° 31′ W.

$$\begin{array}{r} 59°\,02,4' \\ 13°\,03,0' \\ \hline 72°\,05,4' \\ +\ 360°\,00,0' \\ \hline 432°\,05,4' \\ -\ 109°\,31,0' \\ \hline \end{array}$$

LHA   = 322° 34,4′

Nächster ganzgradiger LHA: 323°

$$\begin{array}{lr} \text{Bildpunktlänge} & 72°\,05,4' \\ + & 360°\,00,0' \\ \hline & 432°\,05,4' \\ \text{ganzgradiger LHA} - & 323°\,00,0' \\ \hline \end{array}$$

Rechenortlänge 109° 05,4′ W

Dem Anfänger ist anzuraten, zunächst die genaue Rechenortlänge wie unter 1 bis 3 geschildert zu ermitteln. In der Praxis gibt es Tricks, um diese Rechnung zu vereinfachen, wir kommen nach unserer ersten Standlinie darauf zurück.

Bitte rechnen! Gefragt ist jeweils der nächste ganzgradige LHA und die Rechenortlänge.

a) Am 1. 4. 77 um 17 h 53 m 24 s UT1 beträgt die gegißte Schiffslänge ca. 65° 24′ W.

b) Am 31. 3. 77 um 22 h 54 m 10 s UT1 ist das Schiff auf ca. 140° 01′ E.

c) Am 31. 3. 77 um 19 h 28 m 14 s UT1 wird die Schiffslänge mit ca. 161° 29′ W gegißt.

d) Am 12. 6. 77 um 22 h 30 m 21 s UT1 ist das Schiff ungefähr auf 178° 19′ E.

XIII. Ergebnis aus den Tafeln: Azimut und Höhenwinkel

Zwei Dinge sind zuvor zu klären: Die Tafeln (Anlagen 1 und 2) sind nicht mit 40° N- oder S-Breite oder mit N- oder S-Declination überschrieben. Statt dessen finden wir „Declination Same Name As Latitude", was nichts anderes bedeutet, als daß diese Seite dann in Frage kommt, wenn Breite und Declination gleiche Himmelsrichtung („Same" = gleich) haben, also beide entweder nördlich oder südlich sind. Haben sie eine entgegengesetzte Himmelsrichtung, also zum Beispiel Declination 15° S und Breite des Schiffsortes 40° N, so wird man in die 40°-Seite mit „Contrary" (= entgegengesetzt) eingehen.

Übrigens nicht vergessen:
● Der LHA rechnet immer vom Schiff nach Westen zur Bildpunktlänge.
● LHA und Rechenortbreite müssen für die H. O. 249 ganzgradig sein.

Deshalb wurden bei den Übungen nebenan auch die ganzgradigen LHAs (und die genaue Rechenortlänge) wie folgt berechnet:

a) 22°/65° 23,6′ W   b) 303°/140° 28,4′ E
c) 310°/161° 02′ W   d) 336°/178° 22,1′ E

Und nun die letzten Unklarheiten: Wie wir gesehen haben, benötigt man zum Zeichnen einer Standlinie den errechneten Winkel (in den Tafeln bezeichnet mit Hc = height computed) und das Azimut. Ein Blick in die Tafel zeigt uns aber, daß dort als Ergebnis drei Zahlen stehen, nämlich:

„Hc" sowie
„Z", eine Zahl, die uns dann zum Azimut führt, und
„d" (difference).

Dieses „d" zeigt lediglich eine Verbesserung an, die wir deshalb bei Hc noch vornehmen müssen, weil wir in die Tafel nicht mit der minutengenauen Declination eingegangen sind, sondern lediglich volle Grade benutzt haben.

Um Mißverständnisse hier auszuschalten, sei ausdrücklich darauf hingewiesen, daß die Benutzung des Einganges für die Declination nur deshalb *zunächst* ganzgradig erfolgt, weil später mit Hilfe von „d" die Declination um ihre Minuten verbessert wird. Dies hat nichts mit den Auf- oder Abrundungen der Rechenortbreite oder des LHAs zu tun.

Sehen wir uns deshalb einmal in der Tafel für 41° Breite und 18° Declination (beides mit gleichen Vorzeichen, also beides Nord oder Süd) den berechneten Winkel „Hc" bei einem LHA von 35° an. „Hc" beträgt

dort 52° 15'. Rücken wir eine Spalte weiter nach rechts, dann haben wir ein Hc für eine Declination von 19° mit 52° 57'. Der Unterschied zwischen diesen beiden Winkeln beträgt genau 42', also die Anzahl, die durch „d" angegeben ist. Das Ganze läuft auf eine ganz einfache Dreisatzrechnung hinaus, die da lautet: Wenn Hc bei 18° Declination 52° 15' und bei 19° Declination 52° 57' war, wie groß ist „Hc" beispielsweise bei einer Declination von 18° 30'?

Um diese Ausrechnung zu erleichtern, ist in der H. O. 249 die Tafel 5 (Anlage 3) mit den beiden Eingängen „d" und der Minutenanzahl der Declination beigegeben – Ergebnis: 21'.

Ob die Verbesserung hinzuzuzählen oder abzuziehen ist, ergibt sich entweder aus einem Vergleich des Hc's bei 18° Declination und dem Hc bei 19° Declination – oder (viel einfacher!) aus dem Vorzeichen bei „d", das aus Gründen der Übersichtlichkeit nur bei jeder fünften LHA-Zeile in der H. O. 249 geschrieben ist.

Aber nochmals: Im Gegensatz zum Tafeleingang der Breite wird die Declination nicht etwa auf- oder abgerundet, sondern man geht in die Tafel zunächst mit der vollen Gradzahl der Declination ein und verbessert anschließend Hc wegen der verbleibenden Minutenzahl der Declination. Deshalb wird – anders als bei Breite und LHA – immer die nächst niedere volle Gradzahl der Declination benutzt!

Dabei wird klar, warum es unsinnig ist, die Bildpunktbreite (Declination) auf Bruchteile von Minuten zu berechnen (Seite 20). Denn in der Tafel 5 finden nur volle Minuten Eingang, so daß es nicht nur praktischer, sondern bei Verwendung der H. O. 249 auch richtiger ist, gleich bei der Berechnung der Bildpunktbreite großzügig auf

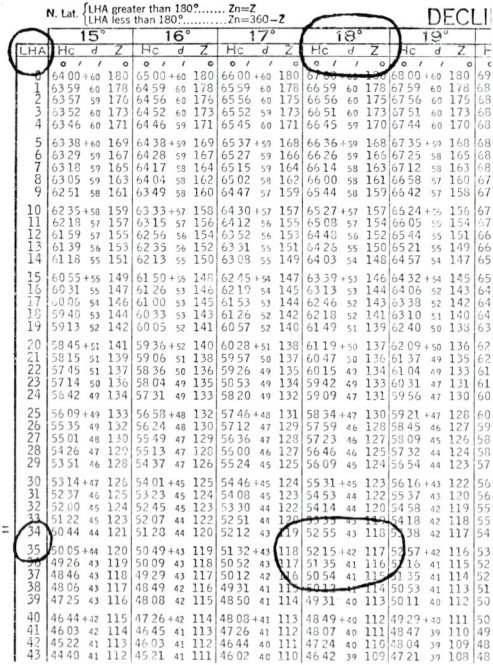

volle Minuten auf- oder abzurunden. Nun haben wir alles zum Zeichnen der Standlinie, bis auf das Azimut, denn die Zahl Z ist nicht immer das Azimut. Je nachdem, ob wir auf der Nordhalbkugel oder auf der Südhalbkugel herumskippern, müssen wir die Zahl Z noch geringfügig umrechnen, um das Azimut zu bekommen. Auch hier werden wir der Gedankenarbeit enthoben durch die Merkregeln auf jeder Tafelseite links unten und links oben, die uns genau angeben, wie wir Z noch umrechnen müssen. Für den Englischsprechenden kein Problem, für uns Deutsche noch einmal übersetzt:

LAT. (latitude)	= Breite
greater than	= größer als
less than	= kleiner als
Zn	= Azimut

Nebenbei: Die Nichtbeachtung dieser kleinen Regel in der H. O. 249 durch zwei deutsche Schiffsoffiziere (!) hat 1958 zur Strandung des Motorschiffes „Pelion" bei Mombasa geführt.

Die Standlinie ergibt sich dann wie folgt: In die Seekarte wird der Rechenort eingezeichnet, durch den Rechenort das Azimut gelegt und anschließend der Unterschied in Minuten zwischen berechneter und gemessener Höhe festgestellt. Erinnern wir uns an das Beispiel mit dem Leuchtturm! Ist der gemessene Winkel größer gewesen, müssen wir also mehr zum Leuchtturm aufsehen, so sind wir tatsächlich näher dran und müssen den Unterschied in Minuten als Seemeilen von dem Rechenort (für den also der Winkel berechnet worden war) zum Gestirn auf dem Azimutstrahl abtragen und dann senkrecht auf dem Azimut die Standlinie errichten. Wir denken

doch noch daran: Die Standlinie ist ein Stückchen des Kreises um den Bildpunkt des Gestirns (analog zu unserem Beispiel von dem Kreis um den Fußpunkt des Leuchtturms). Eine Gerade können wir nur deshalb zeichnen, weil der Kreis außerordentlich groß ist.

Bevor jetzt das erste Beispiel einer Standlinie gleich mal durchgerechnet wird, erinnern wir uns noch einmal daran, daß jede Gestirnsmessung für die Arbeit auf dem Papier von Unzulänglichkeiten in der Praxis (Lichtbrechung, Höhe des Beobachters, fehlende Sichtverhältnisse zum wahren Horizont, Messung des Sonnenunterrandes usw.) mit der Gb „gereinigt" werden muß. Schon bei der Mittagsbreite haben wir zu diesem Zweck die Anwendung der Gb-Tafel (Anlage 9) kennengelernt. Natürlich kann jeder Leser so genau rechnen, wie er es gerne tut. Ich empfehle aber in der Praxis bei Sonnenmessungen die vereinfachte Gb-Tafel von Seite 28, deren drei Zahlen wir überallhin notieren können.

Allen Übungsaufgaben in diesem Buch liegt die vereinfachte Gb-Tafel mit einer Augeshöhe von 2 Metern zugrunde.

XIV. Jetzt wird es ernst

Nun aber das Berechnen und Zeichnen einer Standlinie Schritt für Schritt anhand eines praktischen Beispiels. Ist der zukünftige Navigator in der Lage, sämtliche Fragen bei abgedeckten Antworten fehlerfrei zu beantworten, so ist er fit für die Praxis. Wahrscheinlich wird er die Antworten sogar geben können, ohne nochmals auf den angegebenen Seiten nachlesen zu müssen.

Beispiel:
Am 31. 3. 77 befindet sich die Yacht *Salty Tiger* auf dem Weg nach den Azoren. Aufgrund der Mittagsbreite und der seither zurückgelegten Strecke schätzt der Navigator den Schiffsort mit 39° 44′ N und 35° 23′ W. Um 17 h 29 m 09 s UT1 mißt bei einer Augeshöhe von ca. 2 Meter der Navigator den Sonnenunterrand mit 35° 23′. Anschließend möchte er eine Standlinie zeichnen.

Das Ganze spielt sich also in folgenden Stufen ab:
a) Die Bildpunktkoordinaten werden festgestellt (Seite 18).
b) Der Rechenort wird so gewählt, daß er eine ganzgradige Breite hat und seine Länge mit der Bildpunktlänge einen ganzgradigen LHA bildet (Seite 54).
c) Die Tafeleingänge sind dann: vollgradige Bildpunktbreite (Declination) – ganzgradige Rechenortbreite – ganzgradiger LHA.
d) Mit Hilfe von d wird Hc auf die minutengenaue Declination verbessert.
e) Mit der Azimut-Regel „N.LAT" am Tafelrand erhält man das Azimut.

Die einzelnen Schritte:

Gedankenschritte:	Antwort:
1. Wie lautet die ganzgradige Breite des Rechenortes?	40° N
2. Wie lautet die Bildpunktbreite? (Seite 20)	4° 18′ N
3. Welche Declinationsspalte muß benutzt werden?	4°
4. Welche Seite der H. O. 249 ist die richtige? (Seite 55)	LAT 40° /DECLINATION SAME NAME AS LATITUDE (Anlage 1)
5. Wie lautet die Bildpunktlänge? (Seite 21)	81° 15,4′
6. Wie lautet der ganzgradige LHA? (Seite 54)	46°
7. Welche Rechenortlänge mußte genommen werden, um den LHA ganzgradig zu machen?	35° 15,4′ W
8. Wenn mit obigem LHA, obiger Rechenortbreite und obiger Declination in die Tafel eingegangen wird, was erhalten wir als Hc, d und Z?	35° 09′/ + 44/119°

Gedankenschritte:	Antwort:

9. Mit welchen beiden Werten muß in die Tafel 5 der H.O. 249 eingegangen werden, um Hc zu verbessern? (Seite 56)

44/18

10. Wie groß ist die Verbesserung für die Minuten der Declination?

13

11. Muß die Verbesserung abgezogen oder hinzugezählt werden?

hinzugezählt

12. Wie lautet dann endgültig Hc?

35°22

13. Wie lautet das Azimut? (Seite 57)

Schiffsort auf Nordhalbkugel bei LHA kleiner als 180°, deshalb Azimut = 360° – 119°, also 241°

14. Welcher Rechenort wird in die Karte eingezeichnet?

siehe Nr. 1, also 40°N und Nr. 7: 35°15,4′ W

15. Wie lautet der berichtigte gemessene Winkel? (Seite 28)

$$\begin{array}{r} 35°23' \\ + \quad 12' \\ \hline 35°35' \end{array}$$

16. Wie groß ist der Unterschied zwischen gemessenem und berechnetem Winkel (Nr. 12)?

$$\begin{array}{r} 35°35' \\ - 35°22' \\ \hline 13' \end{array}$$

17. Müssen diese Seemeilen in Richtung vom Rechenort zum Gestirn oder vom Rechenort weg vom Gestirn gezeichnet werden?

Nachdem der gemessene Winkel größer als der berechnete Winkel war, muß der Minutenunterschied zwischen den beiden Winkeln als Seemeile vom Rechenort zur Sonne hin abgetragen werden.

18. Wie wird dann die Standlinie gezeichnet?

Senkrecht auf dem Azimut durch den Punkt, der sich durch das Abtragen der 13 Seemeilen ergibt.

In der Praxis wird so eine Rechnung in rund 5 Minuten bei einiger Übung durchgeführt. Selbst erfahrene Navigatoren müssen sich aber erst wieder in die ganze Geschichte hineindenken, wenn sie aus dem navigatorischen Winterschlaf erwachen und an Bord zum ersten Mal wieder die H.O. 249 herausholen. Der Leser braucht sich also nicht als besonders unintelligent vorzukommen, wenn er ein paar Wochen nach dem Durcharbeiten dieser Geschichte an Bord erst wieder lang und breit überlegen muß, wie die Sache eigentlich funktioniert. Eine Hilfe ist hierbei sicher ein Schema, wobei es am besten ist, wenn sich jeder angehende Navigator ganz individuell sein eigenes Schema zurechtlegt. Wichtig für die Praxis ist hierbei eines: Am Ende des Schemas müssen zum Zeichnen der Standlinie immer 4 Zahlen stehen:

● die Rechenort-Breite
● die Rechenort-Länge
● der Unterschied zwischen errechnetem Winkel und berichtigtem gemessenen Winkel mit der Angabe „hin" oder „weg"
● das Azimut

Nachdem der Rechenort sowohl frühzeitig zur Berechnung des ganzgradigen LHAs als auch für die Tafeleingänge und auch am Ende zum Zeichnen der Standlinie benötigt wird, empfiehlt es sich, ihn gleich beim Festlegen des Rechenortes am Ende des Schemas zu notieren.
Wichtig scheint mir aber bei jedem Schema eines zu sein: Es darf keinesfalls so mechanisiert werden, daß der Benutzer gar nicht mehr weiß, was er nun im einzelnen für Zahlen einträgt. Deshalb sollte aus einem solchen Schema der Benutzer auch

immer etwas zum Mitdenken angehalten werden. Wie ich mir so einen „Leitfaden" vorstelle, zeigt Seite 100. Es können von diesem Schema – ausschließlich(!) für private Zwecke – Fotokopien hergestellt werden, um diese bei Törns als Formulare zu benutzen.
Über eines darf man sich nicht hinwegtäuschen: Selbst wenn man diese Standlinienberechnung nun „auf dem Trocknen" nahezu im Schlaf beherrscht, heißt dies noch lange nicht, daß in der Bordpraxis dann die Fehlerfreiheit unserer Berechnungen gewährleistet ist. Jeder Segler kennt dieses ekelhafte Gefühl im Magen, das die nahende Seekrankheit kündet. Zehn Sekunden zu lange in der H.O. 249 nach den kleinen Zahlen gesucht, und schon kann es zu spät sein, um überhaupt noch rechtzeitig an die Reling zu kommen. Ich hab's erlebt, wie ein zuverlässiger Rechner, der zu Hause schon Dutzende von Standlinien ausgerechnet hat, zu einer einzigen dann an Bord fast eine Stunde gebraucht hat, und die auch nur dank seiner enormen Willenskraft nach fünf Zwangspausen zu Ende bringen konnte. Man sollte deshalb seine Arbeit – insbesondere in den Tafeln und im Jahrbuch – möglichst rationalisieren. Dazu gehört in erster Linie, daß man sich jeweils *sofort* die notwendigen Zahlen herausschreibt. Es ist zum Beispiel unvernünftig, im N. J. nicht gleichzeitig Declination und Greenwich-Stundenwinkel herauszuschreiben, obgleich man den Greenwich-Stundenwinkel in unserem Schema erst bei Frage 5 benötigt.
Eine weitere Vereinfachung läßt sich gerade dort, wo Rechenfehler am häufigsten auftauchen, einführen, nämlich bei der Bestimmung der Rechenortlänge (siehe Seite 54). Diese haben wir dort so berechnet:

1. Der LHA wurde genau berechnet.
2. Der LHA wurde ganzgradig auf- oder abgerundet.
3. Vom vollgradigen LHA wurde der Greenwichwinkel wieder „herausgenommen", um so genau die Rechenortlänge zu finden, die letztlich den ganzgradigen LHA ergeben hat.

Dies läßt sich – insbesondere, wenn sich das Schiff auf Westlänge befindet – ganz erheblich vereinfachen: Mit der gegißten Schiffslänge wird überhaupt nicht mehr gerechnet, sondern es wird *sofort* vom Greenwichwinkel eine Rechenortlänge abgezogen, die dann einen ganzgradigen LHA ergibt.

Beispiel:
Der Greenwichwinkel beträgt 142° 44,8', und die gegißte Schiffslänge wird mit 38° 55' festgelegt.

Bekanntlich wird bei Westlänge der LHA durch Abziehen der Schiffslänge vom Greenwichwinkel gefunden. Wenn wir nun statt 38° 55' gleich 38° 44,8' abziehen, sieht dies so aus:

	142° 44,8'
Rechenortlänge	— 38° 44,8'
LHA	104° 00,0'

Wir müssen also die *Minuten* der Rechenortlänge einfach gleich den Minuten des Greenwichwinkels wählen.
Allerdings: Die Rechenortlänge darf von der gegißten Schiffslänge nicht mehr als 30' abweichen.

Beispiel: Bei einem Greenwichwinkel von 139° 48' und einer gegißten Schiffslänge von 44° 07' W:

	139° 48,0'
Rechenortlänge	— 43° 48,0'
LHA	96° 00,0'

In diesem Fall wäre es also falsch gewesen, 44° 48' abzuziehen, denn dann wäre ja die Rechenortlänge von der gegißten Schiffslänge mehr als 30', nämlich 41' entfernt gewesen.*)

Bei Schiffswestlänge rate ich auf jeden Fall zu dieser Vereinfachung. Befindet sich das Schiff dagegen auf Ostlänge, so muß für eine ähnliche Vereinfachung ein wenig das Kopfrechnen herhalten. Ist jemand darin schwach, so möge er die nächsten Zeilen gleich überlesen. Ansonsten bringt es eine Vereinfachung der Berechnung der Rechenortlänge, wenn zum Greenwichwinkel *gleich* die Rechenortlänge hinzugezählt wird, deren Minuten mit den Minuten des Greenwichwinkels 60', also einen ganzen Grad ergeben. Befindet sich das Schiff zum Beispiel auf 33° 24' E und beträgt der Greenwichwinkel 89° 50,4', so kann deshalb gleich gerechnet werden:

---

*) Im übrigen ist es keine Katastrophe, wenn es mal passieren sollte, daß nicht die nächste Rechenortlänge gewählt wird, also die Rechenortlänge mehr als 30' von der gegißten Schiffslänge entfernt wäre. Das würde das Ergebnis nicht total verfälschen, sondern allenfalls zu einer Ungenauigkeit von ein bis zwei Seemeilen führen. Bitte nicht verunsichern lassen: Auch wenn der nächstgelegene Rechenort gewählt wurde, kann mal ein geringfügig größerer Unterschied zwischen berechnetem und gemessenem Winkel als 30' herauskommen.

	89° 50,4′
Rechenortlänge	+ 33° 09,6′
LHA	123° 00,0′

Aber auch hier ist darauf zu achten, daß die Rechenortlänge nie mehr als 30′ von der gegißten Schiffslänge entfernt ist.

Deutlicher wird das bei diesem Beispiel:
Bei einem Greenwichwinkel von 44° 22,7′ beträgt die gegißte Schiffslänge 19° 05′ E:

	44° 22,7′
Rechenortlänge	+ 18° 37,3′
LHA	63° 00,0′

Hier wäre es also falsch gewesen, eine Rechenortlänge von 19° 37,3′ zum Greenwichwinkel hinzuzuzählen, da diese Rechenortlänge mehr als 30′, nämlich genau 32,3′ von der gegißten Schiffslänge entfernt wäre. Bei Ostlängen wird man in der Praxis unter die Minuten des Greenwichwinkels zunächst die Minutenanzahl schreiben, die einen vollen Grad gibt und anschließend nach Abwägen der Entfernung vom gegißten Schiffsort die vollen Grade hinzusetzen. Beim letzten Beispiel sieht dies so aus. Man schreibt:

44° 22,7′
37,3′
00,0′

Hier steht der Navigator also vor der Wahl, als volle Grade 18° oder 19° zu nehmen. Schnell wird er im Kopf überschlagen, daß 18° 37,3′ von 19° 05′ nur ca. 28′ entfernt sind, so daß er dann – wie oben geschehen – 18° einsetzen kann.

XV. Das Zeichnen einer Standlinie

Zur Erinnerung:
Die H.O. 249 sagt uns den Winkel (Hc), den wir nach Anbringung von Gb im Sextanten messen müßten, wenn wir so weit vom Bildpunkt entfernt wären wie der Rechenort.

Der Unterschied zwischen Hc und gemessenem Winkel (nach Anbringung der Gb) in Minuten zeigt, wie viele Seemeilen der Schiffsort näher beim Bildpunkt oder weiter weg vom Bildpunkt liegt.

Da die Standlinie der – praktisch gerade – Ausschnitt aus einem Kreis um den Bildpunkt ist, muß sie senkrecht auf dem nächsten Radius dieses Kreises, der genau dem Azimut (Richtung zum Bildpunkt) entspricht, gezeichnet werden – nachdem auf dem Azimut der Unterschied zwischen gemessenem und berechnetem Winkel vom Rechenort zum Bildpunkt *hin* oder vom Rechenort und Bildpunkt *weg* getragen wurde.

Das ergibt folgende Reihenfolge:

1. Rechenort einzeichnen.
2. Azimut (Richtung zum Bildpunkt) durch den Rechenort zeichnen.
3. Unterschied zwischen gemessenem und berechnetem Winkel auf dem Azimut beim Rechenort zum Bildpunkt hin oder vom Bildpunkt weg zeichnen.
4. Durch den so entstandenen neuen Punkt senkrecht auf das Azimut die Standlinie errichten.

Die auf Seite 58 mit Hilfe der Fragen 1 bis 18 ermittelte Standlinie wird wie folgt in eine Karte gezeichnet. Hierbei ist es sicher bekannt, daß Seemeilen mit dem Kartenzirkel immer auf der Breitenminutenskala am linken oder rechten Kartenrand abgenommen werden:

1. Rechenort einzeichnen

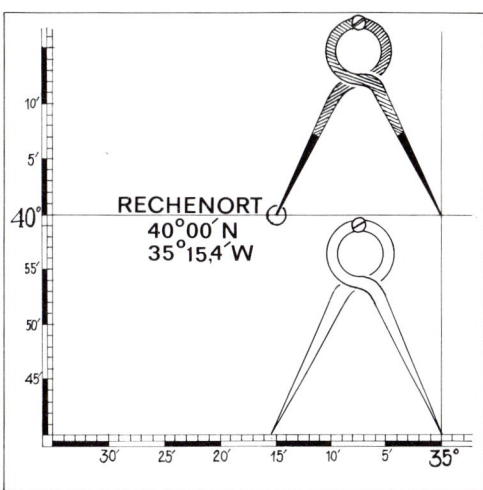

2. Azimut einzeichnen

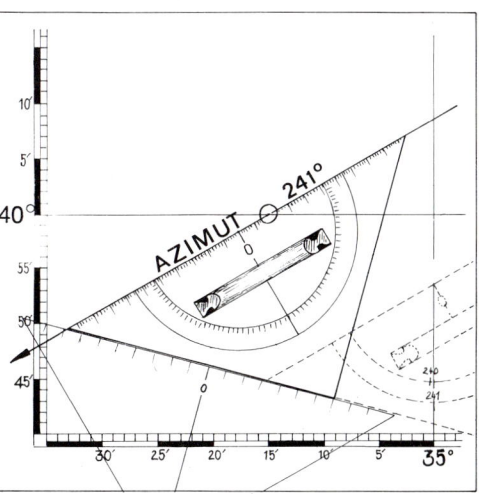

3. Unterschied einzeichnen

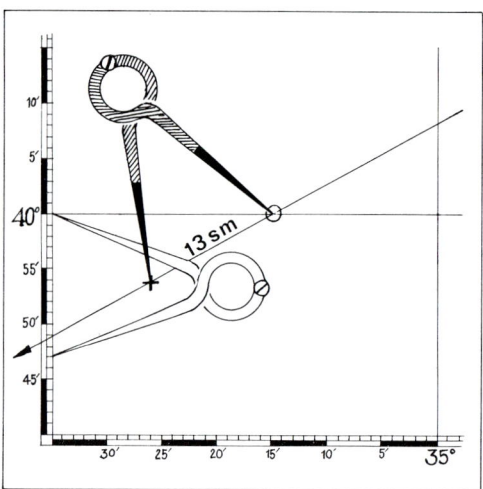

4. Standlinie zeichnen

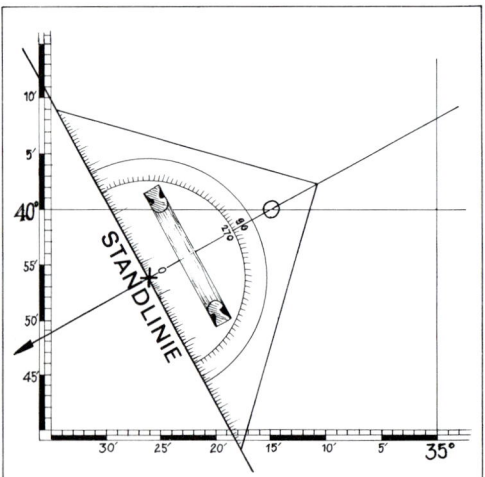

Der häufigste Fehler beim Zeichnen ist das Abtragen des Unterschiedes in die falsche Richtung. Deshalb immer mitdenken! Vormittags – also, wenn die Sonne noch nicht im Süden war – muß der Azimutpfeil immer nach „rechts" (Osten) zur Sonne zeigen, nachmittags nach „links" (Westen).

Das Zeichnen einer Standlinie kann selbstverständlich in jeder Seekarte erfolgen. Meistens haben aber die gerade benutzten Seekarten für die Astronavigation einen ungünstigen Maßstab. In einem solchen Fall ist es besser, seine Standlinien in eine sogenannte Leerkarte zu zeichnen und den dort festgestellten Schiffsort dann in die eigentliche Seekarte zu übertragen. Eine Leerkarte ist nichts anderes als lediglich das Gradnetz einer Seekarte mit Längen- und Breitenminuten-Einteilung. Das reicht für die astronomische Navigation vollkommen aus, weil wir ja jetzt lediglich eine astronomische Standlinie beziehungsweise einen Standort finden wollen und nicht um eine Felsenhuk (die ja in der Leerkarte nicht eingezeichnet wäre) herumnavigieren müssen. Wegen der Schwierigkeiten, die Kugelform der Erde auf eine Fläche (Karte) zu projizieren, können Leerkarten nur für diejenigen Breiten benutzt werden, für die sie konstruiert sind.

Dagegen spielt es keine Rolle, auf welcher Länge sie benutzt wird.

XVI. Die hausge-
machte Seekarte

Wenn sich weder die Seekarte gerade zur Astronavigation eignet noch eine Leerkarte zur Verfügung steht, so läßt sich auf einfache Weise auf jedem Blatt Papier eine Leerkarte „konstruieren". Das ist nicht etwa eine Notlösung, sondern bei nur wenig Übung sicher die praktischste Lösung. Ich habe mit dieser Methode von Koch/Kolkmann jahrelang mit Vergnügen gearbeitet: Das Prinzip besteht darin, daß zeichnerisch auf simple Art das für die jeweilige Breite richtige Verhältnis in Längen- und Breitenminuten (das auch der Mercator-Projektion zugrunde liegt) dargestellt wird. Der Clou ist eine Hilfslinie, die durch den Schnittpunkt des betreffenden Breitengrades mit einem Längengrad verläuft und mit dem Breitengrad genau den jeweiligen Winkel der betreffenden Breite bildet. Als Maßstab nehme man am besten 2 mm pro Breitenminute oder Seemeile. Dann können Entfernungen und Breitenminuten direkt gemessen oder gezeichnet werden. Die Länge dagegen muß senkrecht (zum Breitengrad) auf die Hilfslinie übertragen werden, um sie dann nur von der Hilfslinie mit 2 mm pro Längenminute herauszumessen. Will man eine Länge einzeichnen, gehe man den umgekehrten Weg: Längenminuten zu je 2 mm auf der Hilfslinie auftragen und durch den so erhaltenen Punkt eine Senkrechte (zum Breitengrad) ziehen.*) Manchem Leser ist das jetzt zu schnell gegangen, deshalb gleich eine Standlinie:
Am 12. 6. 77 um 11 h 31 m 12 s UT1 wird bei Totenflaute der Sonnenunterrand mit 39°25′ am Sextanten gemessen. Der Skipper schätzt seinen Schiffsort auf: 40°04′N; 50°10′W. Das Gedankenschema von Seite 58 zugrunde gelegt, ergibt jeweils folgende Antworten:

(Bitte vor dem Weiterlesen unbedingt selbst – ohne zu „spicken" – die Antworten Nr. 1 – 17 niederschreiben! Wenn sie nicht alle richtig sind, sofort dem Fehler auf den Grund gehen. Wenn noch etwas unklar ist, hilft vielleicht Seite 103 weiter.)

1. 40°N
2. 23°10′N
3. 23°

4. LAT 40° DECLINATION SAME NAME AS LATITUDE (Anlage 1)
5.

Grt	345°04,0′
Zuwachs	+ 7°48,0′
	352°52,0′

6.

	352°52,0′
	— 49°52,0′
LHA	303°00,0′

7. 49°52,0′ W
8. 39°26′/ + 33/92°
9. 33/10
10. 6
11. hinzugezählt
12. 39°32′
13. Z = Azimut (Zn), also 92°
14. siehe Nr. 1 und Nr. 7
15. 39°37′
16. 39°37′
    −39°32′
    ―――――
      05′
17. zur Sonne hin

---

*) Aufpassen! Bei Westlänge zählt die Länge nach „links" – bei Ostlänge nach „rechts".

Und so wird die Standlinie in unsere „hausgemachte" Seekarte hineinkonstruiert:

Die Arbeitsgänge sind also in dieser Reihenfolge:

1. Koordinatensystem mit 40° N und 50° W zeichnen.

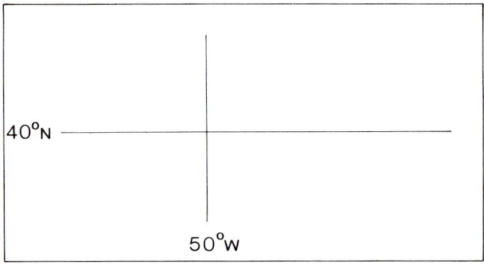

2. Hilfslinie mit Winkel der betreffenden Breite (also 40°) errichten. (Ob sie von links unten nach rechts oben oder umgekehrt verläuft, ist gleichgültig.)

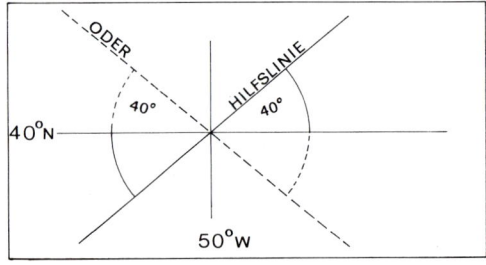

3. 8 Längenminuten auf der Hilfslinie als 16 mm auftragen.

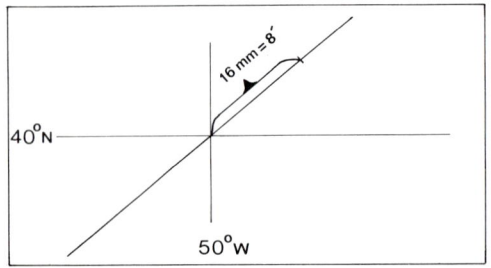

4. Senkrecht darunter den Rechenort auf 40° N mit 49° 52,0′ W zeichnen.

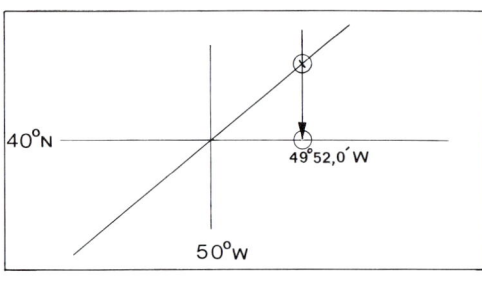

5. Azimut (92°) durch Rechenort legen.

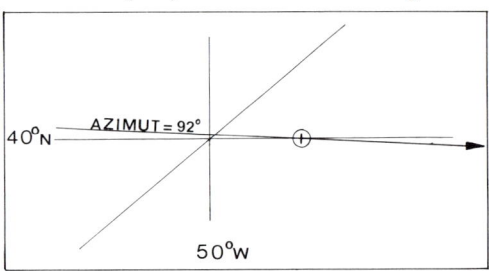

6. Den Unterschied (5′ = 10 mm) auf dem Azimut zur Sonne hin abtragen.

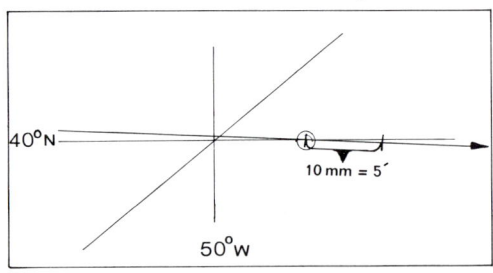

7. Dort senkrecht zum Azimut: Standlinie

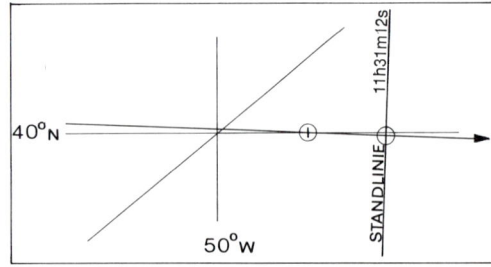

Eine Standlinie ist zwar unter Umständen schon eine Menge wert, doch ein Schiffsort ergibt sich immer erst aus dem Schnittpunkt zweier Standlinien. Deshalb mißt der Skipper im obigen Beispiel gegen 14 h 40 m UT1 die Mittagsbreite, wobei der Sonnenunterrand am Sextanten mit 73°06′ abgelesen wird. (Seite 27)

Breite =   90°00′
           +   23°10′
           _____
                113°10′   (Sextant-
           —   73°19′   winkel + Gb)
           _____
                 39°51′ *

Das ergibt dann einen fertigen Schiffsort, der in folgenden Schritten – umgekehrt wie vorher – herausgemessen wird:

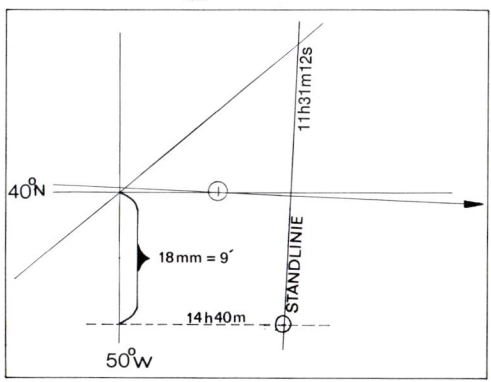

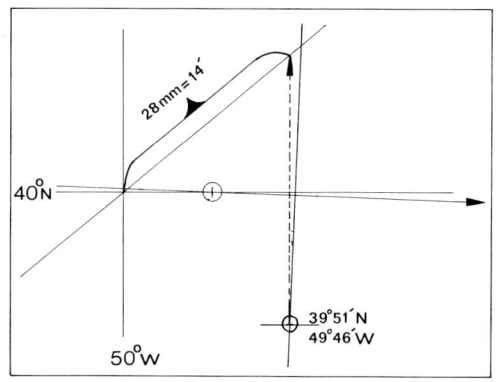

Jetzt der Ernstfall: Am 12. 6. 77 dümpelt die Yacht *Circe* bei Flaute mit kaputter Maschine auf einem gegißten Schiffsort von 41°10′ N und 22°22′ W. Um 10 h 54 m 14 s UT1 mißt der Navigator bei einer Augeshöhe von ca. 2 m den Sonnenunterrand mit 52°36′. Gegen Schiffsmittag mißt er noch einmal den Sonnenunterrand um 13 h 29 m 32 s UT1 in einem Winkel von 71°50′.
Wie lautet der Schiffsort?

Weitere zwei Stunden später– es bläst immer noch kein Hauch – wird noch einmal der Sonnenunterrand um 15 h 30 m 12 s UT1 mit 58°56′ gemessen. Ist irgendeine Stromversetzung festzustellen?

Beim Zeichnen haben wir sicher festgestellt, daß die Vielzahl der Linien (Hilfslinie, Standlinie, Azimut) leicht zur Verwirrung führen kann. Man versuche deshalb anfangs, das Azimut jeweils so leicht wie möglich zu zeichnen, um es dann mit fortschreitender Übung ganz weglassen zu können. Gerade die in Deutschland gebräuchlichen Kartendreiecke gewährleisten auch dann Zuverlässigkeit, wenn das Azimut überhaupt nicht mehr gezeichnet wird.

---

*) Übrigens: Bequemer läßt sich das rechnen, wenn für 90°00′ einfacher gleich 89°60′ genommen wird, was ja dasselbe ist (60′ = 1°)

                    89°60′
           +   23°10′
           _____
                112°70′
           —   73°19′
           _____
                 39°51′ Breite

Der „Trick" besteht lediglich darin, daß auf der langen Seite des Dreiecks (= Azimut) der Unterschied mit dem Zirkel deutlich markiert wird. Anschließend wird das Dreieck um 90 Grad gedreht und wiederum die lange Seite durch die Markierung gelegt. Die Standlinie ist fertig.

(Hierzu ein paar Tips: Den „Unterschied" schon vor Zeichenbeginn mit dem Zirkel abgreifen; während des ganzen Zeichenvorgangs das Anlegedreieck fest auf die Unterlage pressen.)

Unbedingt mit Dreiecken nachvollziehen!

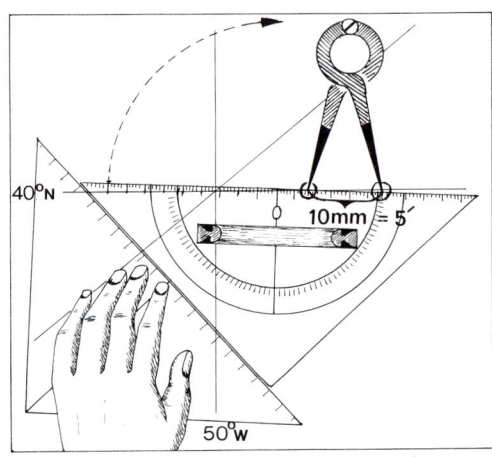

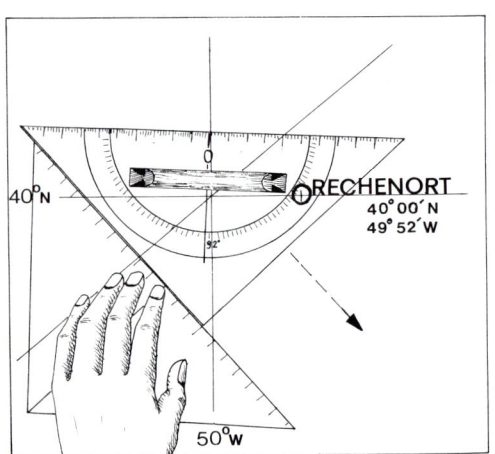

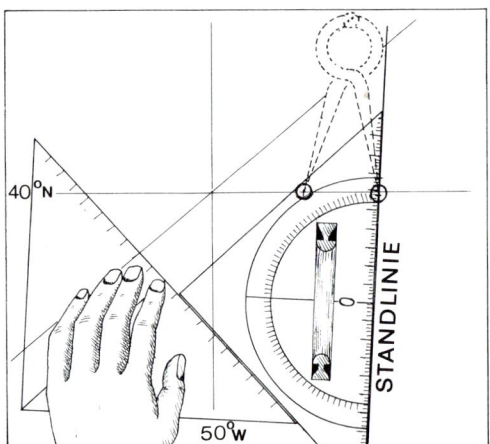

XVII. Die „Ver-segelung" astronomischer Standlinien

Zunächst noch eine Aufgabe: Am 1. 4. 77 befindet sich die Yacht *Südwind* bei ihrer Reise nach Tokio auf einem gegißten Schiffsort von 40° 33′ N und 152° 22′ E. Der rechtweisende Schiffskurs beträgt 292°, und die Geschwindigkeit der *Südwind* ist unter Vollzeug gleichbleibend 7 Knoten. Am späten Vormittag, genau um 0 h 29 m 26 s UT1, mißt der Skipper aus einer Augeshöhe von 2 m den Sonnenunterrand und erhält einen Winkel am Sextanten von 48° 44′. Bitte unbedingt vor dem Weiterlesen nunmehr die Standlinie zeichnen! Übrigens befand sich die Yacht *Circe* am 12. 6. 77 auf 41° 07′ N und 22° 39′ W. Deutlicher Stromeinfluß konnte bis zur dritten Messung nicht festgestellt werden.*)

Der Skipper der *Südwind*, der ja mit einer Vormittagsstandlinie alleine nicht sehr viel anfangen kann, entschließt sich, noch die Mittagshöhe zu messen, um so zu einem guten Schiffsort zu kommen. Natürlich wird er den ungefähren Zeitpunkt für die Mittagshöhe vorausberechnen (siehe Seite 30). Wir wissen doch noch: Schiffsmittag ist dann, wenn sich die Sonne (und ihr Bildpunkt) auf der gleichen Länge wie das Schiff befindet. Wir können für diese Vorausberechnung trotz der erheblichen Geschwindigkeit in westlicher Richtung der *Südwind* ruhig den gegißten Schiffsort vom Vormittag hernehmen, da sich die Sonne ja – scheinbar – 4 Minuten lang auf dem höchsten Punkt ihrer Bahn aufhält. Diesen Zeitpunkt können wir aber auch mit dem gegißten Schiffsort ausreichend genau vorausberechnen, auch wenn die *Südwind* zwischenzeitlich ihre Länge um einige Längenminuten verändert haben sollte. Zu welcher ungefähren Uhrzeit muß also der

Navigator der *Südwind* an Deck gehen? Anschließend mißt der Navigator den Sonnenunterrand mit einem Winkel von 53° 23′, nachdem er zuvor im Sextanten aufmerksam beobachtet hat, daß die Sonne mehrere Minuten lang nicht mehr gestiegen ist. Auf welcher Breite befindet sich die *Südwind*?

Natürlich kann jetzt die Standlinie von 0 h 29 m 26 s UT1 nicht einfach mit der Mittagsbreite zum Schnittpunkt gebracht werden, um so einen Schiffsort zu erhalten. Denn seit der Sonnenmessung um 0 h 29 m 26 s UT1 ist die *Südwind* ja auf einem rechtweisenden Kurs von 292° und einer Geschwindigkeit von 7 Knoten weitergelaufen. Das macht immerhin bis zu Schiffsmittag um 1 h 55 m UT1 eine Strecke von 10 sm. Würde der Navigator für den Mittagsstandort des Schiffes also die Vormittagsstandlinie einfach verwenden, so wäre diese Standlinie um diese Anzahl von Seemeilen falsch. Das ist eine ganze Menge, wenn man bedenkt, daß die Vormittagsstandlinie immerhin bei guter Messung auf ein bis zwei Seemeilen genau sein könnte. Glücklicherweise gibt es ein sehr einfaches Mittel, um mit dieser Schwierigkeit fertig zu werden: Die Vormittagsstandlinie muß *versegelt* werden. Hierzu brauchen wir sie in der Zeichnung nur in der rechtweisenden Kursrichtung um die zwischen den beiden Meßzeitpunkten zurückgelegte Strecke parallel zu verschieben.

---

*) Auf Grund von Zeichenungenauigkeiten und uneinheitlichen Auf- und Abrundungen können durchaus Abweichungen von den Musterlösungen von 1 Seemeile entstehen. Beträgt die Abweichung aber 2 Seemeilen und mehr, liegt ein Fehler vor.

Erst jetzt sollten wir die Mittagsbreite in die Zeichnung einsetzen. Ihr Schnittpunkt mit der versegelten Standlinie ist der Schiffsort der *Südwind* um 1 h 55 m UT1.
Welche Koordinaten hat er?
Klar, daß bei der Versegelung einer Standlinie Steuerungenauigkeiten, Strom, etc. als – unwesentliche – Fehler in den Schiffsort eingehen. Man sollte aber hier nicht päpstlicher als der Papst sein, sondern bedenken, daß astronomische Standlinien zwar auch in der terrestrischen Navigation durchaus verwendet werden können, doch der Regelfall ihre Anwendung auf hoher See ist. Was aber nicht heißen soll, daß eine astronomische Standlinie ungenauer als alle terrestrischen Standlinien ist. Bei einer Entfernung eines Peilobjektes von 30 Seemeilen (Berg etc.) kann eine Standlinie mit Hilfe der Sonne durchaus genauer sein als eine Kompaßpeilung. In erster Linie liegt das natürlich nicht an der Genauigkeit der Rechnung, sondern an der Geübtheit des Navigators in der Handhabung eines Sextanten.

Der Mittagsort der *Südwind* war 40° 50′ N, 152° 13′ E.

Damit sind wir fit für die Praxis. Keine Schwierigkeit wird es bereiten, die folgenden Standorte auszurechnen. Als Augeshöhe wird hierbei immer 2 m angenommen, und – solange nichts anderes gesagt ist – der Sonnenunterrand gemessen.

1. Am 31. 3. 77 befindet sich die Yacht *Mustang* auf ca. 39° 46′ N und 52° 24′ W.

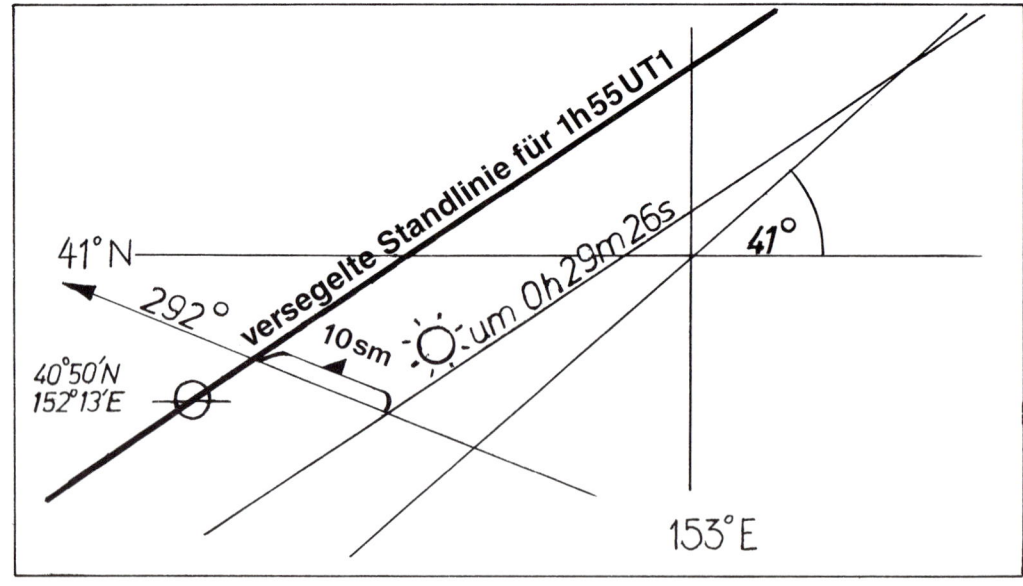

Ihr rechtweisender Kurs ist 110°, ihre schwindigkeit 6 kn. Um 13 h 53 m 24 s UT1 ergibt eine Sonnenmessung am Sextanten 47° 41′. Um 15 h 52 m 20 s UT1 wird die Sonne nochmals mit 53° 59′ gemessen. Standort?

2. Am 11. 6. 77 segelt die *Thalassa* auf einem rechtweisenden Kurs von 170° mit 6 kn. Der gegißte Schiffsort ist 41° 22′ N und 166° 35′ E. Um 22 h 29 m 21 s UT1 wird die Sonne mit 54° 40′ gemessen. Später ergibt eine Mittagsbreite 71° 38′ am Sextanten. Wo befindet sich die *Thalassa*?

3. Am 1. 4. 77 dümpelt die Yacht *Gammler* in einer Flaute. Der Schiffsort wird mit 39° 48′ N und 51° 20′ W geschätzt. Der Skipper beabsichtigt nun, seinen Standort mit Hilfe einer „Mittagslänge" (Seite 33) und einer Mittagsbreite festzustellen. Hierzu ergibt die erste Messung um 14 h 05 m 34 s UT1 49° 52′. Als der Skipper mittags die Sonne messen will, setzt sich für ca. 15 Minuten eine dunkle Wolke vor die Sonne, so daß eine Messung nicht möglich ist. Um 16 h 53 m 12 s UT1 kann dagegen der gleiche Winkel wie vormittags, nämlich 49° 52′ gemessen werden. Wie lautet der Standort, wenn der Skipper die zweite Messung sowohl für die Mittagslänge als auch für eine Standlinie nach der H. O. 249 verwendet?

4. Am 12. 6. 77 befindet sich die *Seewind* auf einem gegißten Schiffsort von 40° 11′ N und 169° 44′ W. Der rechtweisende Kurs beträgt 106°, die Geschwindigkeit 7 kn. Um 21 h 53 m 12 s UT1 wird die Sonne mit 65° 02′ gemessen. Um 23 h 29 m 18 s UT1 ergibt eine weitere Sonnenmessung einen Winkel am Sextanten von 72° 36′. Schiffsort?

5. Am 31. 3. 77 gißt der Navigator der *Lord Jim* seinen Schiffsort mit 40° 32′ N und 31° 02′ W. Der rechtweisende Kurs beträgt 110°, seine Geschwindigkeit 6,5 kn. Um 15 h 53 m 24 s UT1 ergibt eine Sonnenmessung 46° 25′ und um 17 h 54 m 58 s UT1 27° 30′. Wo befindet sich *Lord Jim*?

XVIII. Die Technik des Messens

Das ist das Kernproblem der gesamten astronomischen Navigation, nämlich die praktische Handhabung des Sextanten an Bord einer schaukelnden kleinen Yacht. Eine genaue Winkelmessung ist nämlich in erster Linie eine Frage der Übung. Man kann die Handhabung eines Sextanten zwar erklären, notwendige Fertigkeit muß man sich jedoch in der Praxis selbst aneignen. Steht man noch vor der Wahl des richtigen Sextanten, so kaufe man gleich einen guten Vollsichtsextanten, der das Messen ganz erheblich vereinfacht. Ein billiger Plastiksextant taugt nur für Übungszwecke. Ganz abgesehen davon, daß sich ein teurer Trommelsextant wesentlich leichter handhaben läßt als einer aus Plastik mit Noniuseinteilung, womöglich noch ohne optisches Fernrohr. Daß ein Sextant außerordentlich stoßempfindlich ist, dürfte bekannt sein, und es ist ratsam, ein derartiges Meßinstrument zum Beispiel nach einem solchen Malheur immer zunächst in die Herstellerfirma zur Überprüfung einzusenden. Mit Bordmitteln läßt sich da wenig feststellen.

Um einen „Fehler" sollten wir uns gleich kümmern, nämlich den Index-Fehler. Ist der Sextant ansonsten in Ordnung und zeigt er bei der Messung eines einzigen Objektes einen anderen Winkel als 0 Grad, 0 Minuten an, so liegt ein Index-Fehler vor. Der Index-Fehler kann sich verändern mit wechselnden Temperaturen. Man sollte ihn deshalb möglichst oft nachprüfen. Übertrieben ist es aber, ihn, wie in der Großschiffahrt vorgeschrieben, vor jeder Messung festzustellen und in die Messung einzurechnen. In der Bordpraxis reicht es aus, zu Beginn eines Törns den Index-Fehler zu messen. Am besten eignet sich hierzu der Horizont oder eine Landmarke, die mög-

lichst weiter als zwei Seemeilen entfernt sein muß. Da ich der Meinung bin, daß jede, auch noch so einfache Berechnung eine Fehlerquelle sein kann, so setze ich mit einem wasserfesten Filzschreiber auf der Sextantentrommel ganz einfach bei Vorhandensein eines Index-Fehlers einen neuen Null-Punkt. Der Index-Fehler, der

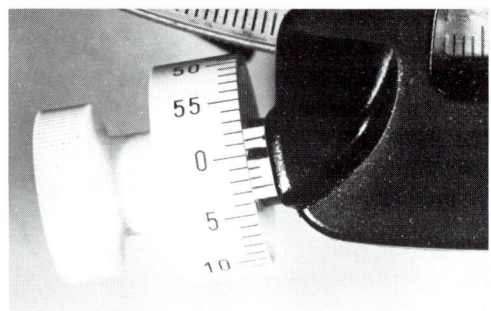

Wenn nur der Horizont gemessen und im Fernrohr als ein einziger Strich gesehen wird, so wird die Null auf der Trommel meistens nicht dem Nullstrich gegenüberstehen. Dieser Indexfehler ist dann ausgemerzt, wenn mittels Filzschreiber ein neuer Nullstrich markiert wird.

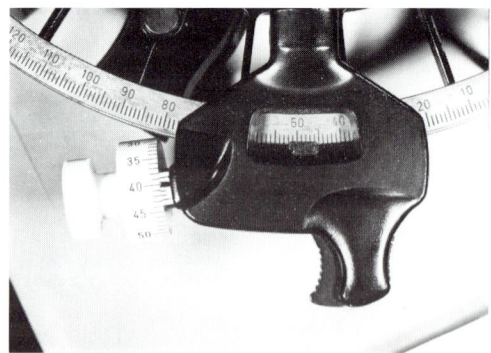

So kann gleich der Winkel an der eigenen Markierung mit 48° 40' abgelesen werden. Ohne Rechnerei ist der Indexfehler eliminiert.

bei fast allen Sextanten vorhanden ist und nichts aussagt über die Qualität des Sextanten, kann auf diese Weise ausgemerzt werden, wenn er zwei Winkelminuten nicht übersteigt. Andernfalls sollte die Stellung der Spiegel mit größter Vorsicht verändert werden, was aber auf keinen Fall der Anfänger versuchen sollte. Für diesen gilt: Finger weg von den Spiegelschrauben.

Die größte Fehlerquelle ist der Navigator

Die größten Ungenauigkeiten in der gesamten astronomischen Navigation rühren aus dem Umstand, daß der Navigator im Zeitpunkt der Messung zwar glaubt, den richtigen Winkel zwischen Kimm und Gestirn gemessen zu haben, er aber genau in dieser Sekunde den Sextanten nicht exakt senkrecht gehalten hat. Logisch, daß sich dann ein etwas größerer Winkel ergibt,

denn es wurde ja nicht der Winkel zwischen dem Gestirn und dem genau senkrecht darunter liegenden Punkt auf der Kimm, sondern der Winkel mit einem anderen Punkt auf der Kimm gemessen.

Niemandem ist es möglich, an Bord den Sextanten zuverlässig genau senkrecht, also lotrecht, zu halten. Man hilft sich dadurch, daß der Sextant langsam um seine Fernrohrachse geschwenkt wird. Bei ein wenig Übung sieht der Navigator im Fernrohr die Sonne einen Bogen am Horizont entlang beschreiben. Der Winkel im Sextanten ist nur dann richtig eingestellt, wenn die Sonne gerade den Horizont am tiefsten Punkt des Bogens „küßt". Die linke Hand des Navigators muß somit die Trommel des Sextanten bewegen, während die rechte Hand am Handgriff den Sextanten

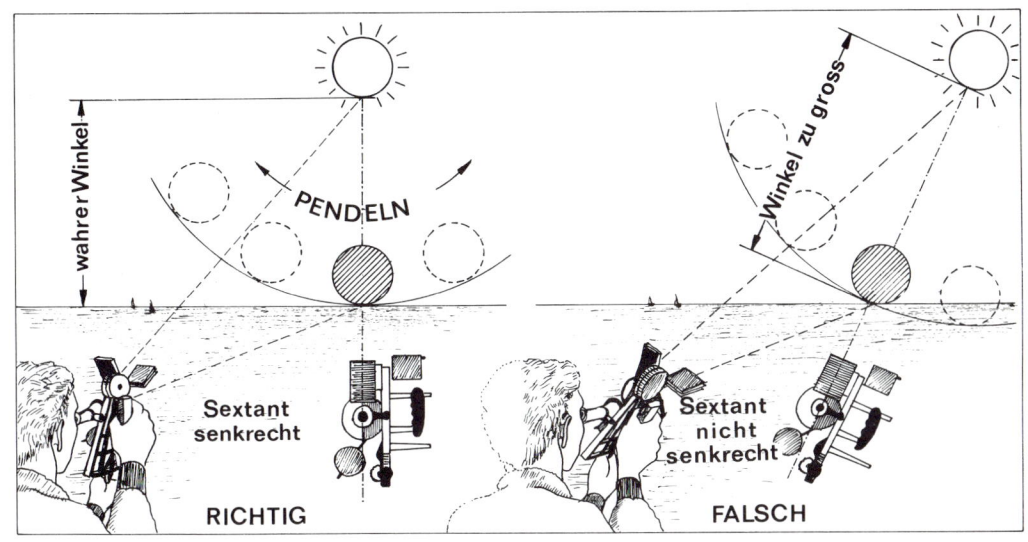

schwenkt und damit den Bogen der Sonne über den Horizont verursacht. Immer wieder kann man es erleben, daß der Anfänger sich dadurch selbst betrügt, daß er die Sonne irgendwie auf den Horizont setzt und dann schnell dem Partner, der die Uhrzeit abliest oder mitstoppt, zuruft: „Jeetzt!" Eine Messung die sozusagen nur eine Momentaufnahme der Sonne in Horizontnähe ist und nicht aus einem Bogen herausgenommen wurde, ist absolut wertlos. Sie kann bis zu 30 Seemeilen falsch sein (!)

Solche Anfängerfehler haben die Skipper der fünf Yachten auf Seite 71 natürlich nicht gemacht. Als Schiffsorte stellten sie nämlich fest:

1. 39°46′ N, 51°58′ W
2. 41°17′ N, 166°43′ E
3. 39°51′ N, 51°23′ W
4. 40°11′ N, 169°23′ W
5. 40°50′ N, 31°08′ W

Es gibt eine simple Methode, wie ohne große Rechnereien jeder Navigator sich auf seine Meßgenauigkeit hin überprüfen kann. Man messe vormittags oder nachmittags, wenn also die Sonne steigt oder fällt, in beliebigen Zeitabständen den Winkel zwischen Kimm und Sonnenunterrand und verarbeite die Messung ganz einfach graphisch. Bei einem geübten Navigator werden die Messungen möglichst auf einer Linie liegen.

Über die Meßgenauigkeiten mit einem guten Sextanten ist schon recht viel diskutiert worden. Eigenartigerweise finden sich unter den Yachtskippern immer wieder ganz tolle Hechte, die die Sonne auch bei rauher See mit einer Genauigkeit von einer hal-

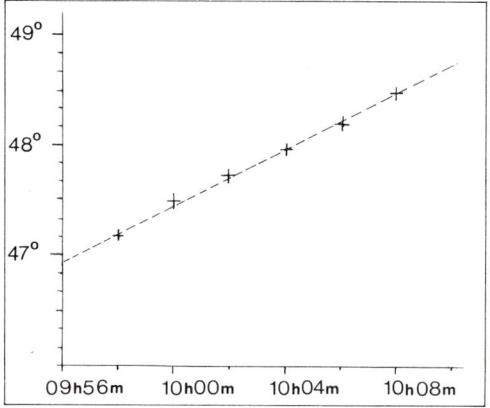

Könner

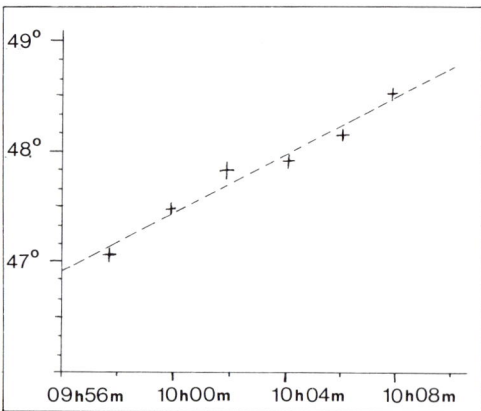

Anfänger

ben Minute sicher auf den Horizont herunterholen. Hier handelt es sich schlicht und einfach um Seemannsgarn oder um unwahrscheinliche Zufallstreffer. Die Großschiffahrt zum Beispiel geht von einer Zuverlässigkeit von zwei Seemeilen aus. Nach meinen Beobachtungen muß mit folgenden Ungenauigkeiten gerechnet werden:

	Anfänger*	Geübte	Könner
Flaute	± 5′	± 2′	± 1′
mäßige See	± 7′	± 3′	± 2′
hartes Wetter	keine Messung möglich	± 5′	± 4′

Ein Dutzend Tips für den Umgang mit dem Sextanten

1. Der Sextant muß immer in seinem Kasten beziehungsweise in einer speziellen Halterung aufbewahrt werden. Auf keinen Fall ist er ein Spielzeug für Badegäste.
2. Er soll nie am Gradbogen, Spiegel oder Fernrohr, sondern nur am Griff getragen werden.
3. Der beste Platz zum Messen ist der Niedergang oder das Kajütdach. Man stütze sich so ab, daß der Oberkörper und beide Hände frei beweglich bleiben.
4. Man gehe nach Möglichkeit auf Vorwindkurs; die Schiffsbewegungen sind dann am ruhigsten.
5. Man verwende ein so schwaches Schattenglas wie möglich. Die Scheibe der Sonne soll auch in der unverspiegelten Hälfte des Sextanten zu „ahnen" sein.
6. Bei bewölktem Himmel darf die Sonne nur gemessen werden, wenn ihr Rand klar zu erkennen ist. Wird nur die helle Stelle in den Wolken gemessen, ergibt das grobe Fehler.
7. Bei bewegter See messe man nur vom Wellenberg. Zusatzberichtigung für höhere Augeshöhe wäre falsch, weil sich die Kimm aus gleich hohen Seen zusammensetzt.
8. Keine Winkel unter 20° verwenden (unberechenbare Lichtbrechung).
9. Keine Winkel über 80° verwenden. Der Kreis um den Bildpunkt wäre so klein, daß die Standlinie zuviel Krümmung hätte und in der Praxis nicht mehr als Gerade angesehen werden kann.
10. Kommt Salzwasser an den Sextanten, reinige man ihn sogleich (vorsichtig) mit Süßwasser, das gründlich abgetrocknet wird.
11. Auf langen Törns – vor allem in den Tropen – hole man im Hafen den Sextanten öfter aus seinem Kasten ans Tageslicht. Spiegel und Optik sind sonst durch Pilze gefährdet – UV-Licht tötet sie ab. Batterien für die Beleuchtung mindestens jedes Jahr entfernen!
12. Man mache es sich zur Gewohnheit, beim Zurücklegen des Sextanten in den Kasten den gemessenen Winkel nicht mehr zu verändern. Bei „komischen" Rechenergebnissen ist so die Frage nach einem Ablesefehler leicht zu beantworten.

* Aus einem Atlantiktörnbericht des hochseeerfahrenen B-Schein-Inhabers Hans von Hirschhausen: „Samstag gibt Theo uns erstmals seinen Sextanten in die Hand. Wir wollen jeder die Sonne schießen. Gar nicht so leicht bei dem Seegang. Mal habe ich die Sonne drin, mal die Kimm. Beim langgedehnten Ruf ‚Jetzt' des Rudergängers ist wieder alles zu spät. Es will mir nicht glücken, die Sonne auf die Kimm zu setzen, obwohl es bei Theo doch so einfach aussieht. Dann soll ich den Sextanten auch noch schwenken, damit er im entscheidenden Moment im Lot ist, das ist für den Anfang zuviel. Dennoch habe ich Glück mit meiner Ablesung, wie es sich beim Ausrechnen der Standlinie zeigt. Sie liegt nur 6 sm nördlicher als die des Skippers."

XIX. Die Sonne ist das tägliche Brot des Navigators

Trotz bedecktem Himmel kann die Sonne so hell sein, daß ein Schattenglas benutzt werden muß

5 Sekunden später verdunkelt sich die Sonne schon, kann aber im Sex̲ ̲t̲ ̲ ̲h gut beobachtet werden

Dort, wo die Astronavigation wirklich benötigt wird, nämlich bei echten Blauwasserfahrten, wird auch heute noch fast ausschließlich mit der Sonne allein navigiert. Sogar in der Großschiffahrt stellt der Navigationsoffizier im allgemeinen den Standort des Schiffes nur einmal fest, nämlich den Mittagsort. Neben einer Messung vor Mittag wird als zweite Standlinie hierzu nahezu ausschließlich die Mittagsbreite verwendet, selbst auf großen Supertankern, die mit hochmoderner Elektronik ausgerüstet sind. Die erste Standlinie vom Vormittag soll mindestens eine Stunde vor der Mittagsbreite genommen werden, damit sich die beiden Azimute deutlich unterscheiden und einen guten Schnittpunkt ergeben. Diese Zeiträume hängen jedoch auch von der Declination und von der Schiffsbreite ab. Wenn man davon ausgeht, daß sich für ein gutes Fix zwei Standlinien möglichst unter einem Winkel von mindestens 30° schneiden sollen, können wir mit einem Blick in die betreffende Seite der H.O. 249 feststellen, wann der faule Navigator sich spätestens aus seiner Koje erheben muß, um eine Vormittagsstandlinie zu schießen. Am 12. Juni beträgt die Declination um die Mittagszeit ca. 23° 10′. Wir brauchen also – angenommen wir befinden uns auf 40° N – in der Anlage 1 lediglich in die 23°-Spalte eingehen und uns die einmal ansehen. Nachdem bei der Mittagsbreite Schiff und Sonnenbildpunkt genau auf gleicher Länge liegen (Seite 25), besteht kein Längenunterschied mehr zwischen Schiffslänge und Greenwichwinkel. Der LHA ist demnach 0°, was wir auch sofort daran erkennen, daß das Azimut, also die Richtung zur Sonne, genau 180° (=Süden) beträgt. Nun gehen wir einfach in der 23°-Spalte runter, bis wir auf ein Azimut von weniger als 150° kommen, das ist bereits bei einem LHA von 11° bzw. 349°

Wenige Augenblicke später eilt es schon. Der Unterrand ist nur noch zu erahnen, deshalb bietet sich hier der Oberrand an

Jetzt kann nur noch der Geübte die Sonne im Sextanten finden und messen

der Fall. Der Navigator sollte also die Sonne spätestens dann messen, wenn der LHA ca. 11° weniger beträgt. Wieviel Zeit ist das aber?

Bekanntlich ist der LHA der Längenunterschied vom Schiffsort zum Bildpunkt (immer vom Schiffsort nach Westen gerechnet). Nachdem sich vormittags die Sonne immer östlich vom Schiff befindet, die Sonne also um die Erde rum dem Schiffsort „davonläuft" (bis sie mittags das Schiff wieder „eingeholt" hat), verändert sich der LHA mit der Geschwindigkeit der Sonne um die Erde. Diese Überlegung hatten wir schon ganz zu Beginn bei der Erklärung des Greenwichwinkels (Seite 18). 360° schafft die Sonne um die Erde in 24 Stunden, also rast sie in einer Stunde über 15 Längengrade. Wenn wir nun davon ausgehen, daß sich *praktisch* der Schiffsort im Vergleich zum Sonnenbildpunkt in der Länge nicht verändert (das Schiff hat höch-

stens eine Geschwindigkeit von 7 kn, der Sonnenbildpunkt kann dagegen eine Geschwindigkeit von 900 kn haben), dann läßt sich leicht im Kopf ausrechnen, daß der LHA für einen Grad genau 4 Minuten benötigt. Bei einem LHA von 349° benötigt die Sonne also noch 44 Minuten (11 x 4), um auf die Schiffslänge (LHA = 360° oder 0°) zu kommen. Wenn wir also zwei Azimute von mindestens 30° haben wollen, müssen wir den Navigator mindestens 44 Minuten vor Schiffsmittag aus der Koje scheuchen. Natürlich wird man diese lässige Art der Navigation nur dann so betreiben, wenn man sicher sein kann, daß die Sonne tatsächlich immer zu messen ist. Bei bedecktem Himmel ist es ratsam, schon am frühen Morgen vorsichtshalber eine Sonnenhöhe zu nehmen, die man ja nicht auszurechnen braucht. Fällt aber dann eine weitere Vormittagsstandlinie oder gar die Mittagsbreite mangels Sichtbarkeit der

XX. Die Sonne ist der beste Kompaß

Sonne aus, so hat man mindestens eine Standlinie in Reserve. Übrigens sind die Tage, an denen man mit der Sonne allein zu keinem Schiffsort kommen kann, ausgesprochen selten. Befürchtet man einen bedeckten Himmel, so muß der Rudergänger von vornherein den Himmel beobachten, und wann immer er auch die Sonne als deutliche Scheibe hinter den Wolkenfetzen erkennt, den Navigator rausholen. Oft kommt die Sonne nämlich nur für Sekunden am Tag zum Vorschein. (Siehe die Fotos von Seite 76 und 77, die alle innerhalb 20 Sekunden an einem „grauen" Regentag geschossen wurden.)

Ganz zu Beginn wurde schon gesagt, daß die Sonne an Schiffsmittag genau rechtweisend 180° oder, wenn sich das Schiff sehr weit im Süden befindet, 360° peilt. Wenn wir also zum Beispiel bei der Messung einer Sonnenstandlinie gleichzeitig über den Kompaß die Sonne anpeilen, so ergibt ein Vergleich des Azimuts (rechtweisende Peilung) mit dieser Kompaßpeilung (selbstverständlich nach Berücksichtigung der Mißweisung des betreffenden Gebietes) *genau* die Ablenkung des Kompasses. Sehen wir uns noch einmal in Anlage 1 die 23°-Spalte (Declination) bei einer Breite von 40° an:

Vormittags – wenn die Sonne sich also anschickt, uns bis mittags einzuholen – betragen die LHAs in jedem Falle über 180°, so daß in der 23°-Spalte die verschiedenen Azimute direkt abgelesen werden können (Regel in Anlage 1 links oben). Bei einem LHA von 320° steigt mit jedem Grad LHA das Azimut ziemlich gleichmäßig auch ungefähr um einen Grad. Die rechtweisende Peilung zur Sonne ändert sich also alle 4 Minuten lediglich um einen einzigen Grad. Kurz vor dem LHA von 360° ändert sich das Azimut allerdings wesentlich schneller, in 4 Minuten um 3 Grad. Abgesehen von der Höhe der Sonne um die Mittagszeit eignen sich deshalb die Vormittags- und Nachmittagszeiten wegen des sich langsamer ändernden Azimuts besser für gelegentliche Kompaßkontrollen.

Mit Hilfe der Sonne können auch ganze Steuertafeln aufgestellt werden. Das hört sich sehr kompliziert an, ist aber in Wirklichkeit viel einfacher als die Erstellung einer Steuertafel mit Hilfe von terrestrischen Peilungen.

Das Ganze spielt sich in der Praxis ungefähr so ab. Bei einem Kugelkompaß wird die Sonne über eine Peilscheibe angepeilt. Bei einem flachen Kompaß (Sestrel Moore) kann der Navigator mit einem Schattenstift sehr genau die Sonnenpeilung ablesen. Gleichzeitig werden Kompaßkurs, Sonnen-

Kompaß mit Schattenstift zur Sonnenpeilung

peilung und die minutengenaue Zeit notiert. Selbstverständlich benötigen wir hier nicht mehr die sekundengenaue Zeit wie bei einer Sonnenstandlinie. Aus der H.O.249 ist ja leicht zu erkennen, daß sich die Azimute vormittags alle 4 Minuten (= 1° LHA) um höchstens 1° ändern.
Ein praktisches Beispiel: Am 11. 6. 77 befindet sich die Yacht *Nordwind* auf 41° 22' N und 30° 19' W. Um 9 h 31 m UT1 peilt die Sonne am Schattenstift des Kompasses mit genau 107°, während ein Kompaßkurs von 210° gesteuert wird. Wie groß ist die Ablenkung bei einem Kompaßkurs

von 210°, wenn die Mißweisung in diesem Gebiet – 18° beträgt?
Der Rechenvorgang ist nun viel einfacher als bei der Berechnung einer Standlinie. Denn uns interessiert ja nicht mehr der berechnete Winkel (Hc), sondern allein das Azimut, also die rechtweisende Peilung zur Sonne. Trotzdem müssen aber die Eingänge in die H.O.249 gefunden werden. Nicht mehr brauchen wir uns aber um den Rechenort zu kümmern. Also:

1. Wie lautet die ganzgradige Breite?
   Antwort: 41°
2. Welche Declinationsspalte wird benutzt?
   Antwort: 23°
3. Mit welchem LHA müssen wir in die H.O.249?

Antwort:		
Grt		315° 07,3'
Zuwachs	+	7° 45,0'
Bildpunktlänge		322° 52,3'
	–	30° 19,0'
LHA		292° 33,3'
	=	293° aufgerundet

Damit haben wir die drei Eingänge für die H.O.249 zusammen und finden in Anlage 2 ein Azimut von 86°.
Die Ablenkung ergibt sich dann ganz einfach:

Kompaßpeilung	107°
Mißweisung	– 18°
	89°
rechtweisende Peilung	– 86°
Ablenkung	03°

Wenn die Steuertafel also noch stimmt, muß in ihr bei Kompaßkurs 210° eine Ablenkung von –3° zu finden sein.

Manch einer wird jetzt von dem Gedanken abgeschreckt sein, bei der Erstellung einer Steuertafel 36 mal das Azimut ausrechnen zu müssen. Dies ist aber nicht nötig.

Denn: Aus der H.O. 249 können wir das Azimut ja ohnehin nur für alle 4 Minuten herauslesen (was nicht weiter schlimm ist, denn das Azimut ändert sich nur langsam). Das machen wir uns zunutze: Um 9 h 31 m haben wir einen LHA von genau 292° 33,3′ bekommen, den wir auf 293° aufgerundet haben. Noch 1 Minute vorher, also um 9 h 30 m, hätte der LHA nur 292° 18,3′ betragen, denn die Sonne „macht" in einer Zeitminute ja 15 Winkelminuten. 1 Minute vorher hätten wir demnach den LHA noch abrunden müssen, so daß wir mit 292° in die Tafel gegangen wären. Wenn wir also berücksichtigen, daß 1° LHA 4 Zeitminuten dauert, können wir sagen:

Uhrzeit	LHA	Azimut
9 h 30 m	292°	85°
ab 9 h 31 m	293°	86°
ab 9 h 35 m	294°	87°
ab 9 h 39 m	295°	87°
usw. usw.		

So läßt sich mit einem Blick sagen: Um 9 h 32 m peilt die Sonne mit 86°, um 9 h 38 m mit 87° usw.

Dieses System reicht für praktische Zwecke durchaus aus. Natürlich kommt hier ab und zu eine Ungenauigkeit von 1° in der rechtweisenden Peilung schon dadurch herein, daß die Zeiten nur minutengenau genommen werden. Dies spielt aber im Endeffekt keine große Rolle, weil eine größere Genauigkeit schon aufgrund von Peilfehlern und dem Schleppfehler des Kompasses kaum erzielt werden kann. Im übrigen läßt sich die Genauigkeit auch dadurch erhöhen, daß die Sonne am frühen Morgen oder am späten Nachmittag gepeilt wird.

Vorteile der „astronomischen Steuertafel" gegenüber der terrestrischen:

1. Man benötigt keine spezielle Landmarke zum Peilen; die Sonne ist immer da.

2. Bei der terrestrischen Steuertafel sollte der Schwojkreis möglichst nicht größer sein als ein paar Meter (hängt ab von der Entfernung der Peilmarke); bei der astronomischen Steuertafel kann man Kreise in beliebiger Größe fahren.

3. Bei der terrestrischen Steuertafel muß der Schiffsort exakt bekannt sein; bei der astronomischen Steuertafel genügt der gegißte Schiffsort.

4. Peilungen mit einem Schattenstift sind genauer als Peilungen mit einem Diopter.

5. Fast immer sind Peilungen der Sonne mit dem Steuerkompaß selber möglich, während oft Landmarken von Aufbauten um den Kompaß herum verdeckt sind.

6. Ohne „Mehraufwand" sind Deviationskontrollen anläßlich einer Sonnenmessung möglich.

XXI. Der Mond

Um es gleich vorwegzunehmen: Der Mond ist eine erstklassige Navigationshilfe. Allerdings – und das ist außerordentlich wichtig – kann der Mond in der Nacht im allgemeinen nicht verwendet werden. Hiervor kann man nicht eindringlich genug warnen, denn:

Der Mond strahlt zur Nachtzeit so hell, daß die darunterliegende Kimm überstrahlt wird. Das, was wir nachts für die Mondkimm halten, ist ein angestrahlter Teil der Wasseroberfläche weit vor der eigentlichen Kimm. Da die Mondkimm zur Nachtzeit gar nicht beobachtet werden kann, ist es unmöglich den Winkel Mond – Beobachter – Kimm zu messen.

Dagegen gibt der Mond untertags eine ideale Standlinie, wenn nicht gerade Vollmond oder Neumond herrscht. Bei Neumond können wir ihn nämlich mangels Beleuchtung durch die Sonne nicht sehen, und bei Vollmond steht er – von der Erde aus gesehen – der Sonne genau gegenüber. Die rechtweisenden Peilungen zur Sonne und zum Mond unterscheiden sich dann um nahezu 180°, so daß wir daraus keinen Schnittpunkt für einen Schiffsort gewinnen können.

Ansonsten hat der Mond sogar der Sonne gegenüber den großen Vorteil, daß er untertags weder den Beobachter blendet (so daß keine Schattengläser benutzt werden müssen) noch den Horizont überblendet, was bei der Sonne gelegentlich vorkommen kann.

Die Berechnung einer Mondstandlinie ist nahezu genauso einfach wie die einer Sonnenstandlinie. Sie unterscheiden sich lediglich in zwei Punkten:

1. Die Ermittlung der Gesamtbeschickung (Gb) ist wegen der wesentlich kürzeren – und wechselnden – Entfernung Erde – Mond ein wenig umständlicher als bei der Sonne.

2. Etwas umständlicher ist auch die Berechnung der Bildpunktkoordinaten.

   a) Die Breite des Mondbildpunktes ändert sich viel schneller als beispielsweise die Declination (Bildpunktbreite) der Sonne, die wir deshalb zwischen den vollen Stunden ruhig „über den Daumen peilen" konnten.

   b) Die Bildpunktgeschwindigkeit um die Erde ist bei weitem nicht so regelmäßig wie die der Sonne, die ziemlich genau 15° je Stunde oder 360° am Tag beträgt.

Ansonsten gibt es keinen Unterschied zwischen der Berechnung einer Mondstandlinie und der Berechnung einer Sonnenstandlinie.

Wie bei der Sonnenstandlinie werden als Eingänge in die H.O. 249 benötigt:
- Die auf volle Grad ab- oder aufgerundete Breite.
- Die ganzgradige Bildpunktbreite (Declination).
- Der auf volle Grad auf- oder abgerundete LHA.

Anschließend wird die Verbesserung für die Minuten der Bildpunktbreite bei Hc angebracht und dieser Wert Hc mit der gemessenen Mondhöhe (nach Anbringung der Gb) verglichen, um so den Unterschied zu finden, um den das Schiff näher am Mondbildpunkt dran oder weiter davon entfernt ist.

Die Gesamtbeschickung

(Anlage 10)
Ein Blick in die Gesamtbeschickungstafel für den Mond aus dem N.J. (Anlage 10) zeigt schon, mit wie erheblichen Beträgen wir es zu tun haben (bis zu über 60′), so daß wir diese sehr genau feststellen müssen. Bei der Messung des Mondunterrandes haben wir nur zwei Eingänge in die Tafel, nämlich

- die Horizontalparallaxe (HP)
- den gemessenen Winkel (Kimmabstand)

Wir sollten uns nicht damit herumschlagen, nunmehr genau „Horizontalparalla-xe" zu erklären. Es reicht für die Bordpraxis durchaus, wenn wir wissen, daß es sich hier um eine Berücksichtigung der Entfernung Mond – Erde im Verhältnis zum Erddurchmesser handelt. Sie ist bei jedem Gestirn vorhanden, nur fällt sie mit wachsender Entfernung von der Erde immer weniger ins Gewicht. In der Anlage 6 (N.J.) können wir die HP bei der Venus noch mit 0,2, beim Mars mit 0,1 angegeben finden, während sie bei der Sonne schon gar nicht mehr angegeben ist. Beim Mond beträgt sie allerdings am 11. 6. 77 um 4 h UT1 immerhin 54,8, um 12 h UT1 54,6 und um 20 h 54,5 (angegeben in der untersten Zeile der Spalte „Mond").

Damit haben wir gleichzeitig den Eingang in die Gb-Tafel. Angenommen am 11. 6. 77 um 13 Uhr wird der Mondunterrand mit 44° 49′ gemessen. Wie groß ist die Gesamtbeschickung? (Jetzt bitte unbedingt die nächsten Zeilen „abarbeiten", dann wird es schon wieder einfacher!)

In der Gb-Tafel (Anlage 10) finden sich für den Mondunterrand:

Kimmabstand	HP 54,5′	HP 55′
44°	+ 47,5′	48,0′
45°	+ 46,9′	47,4′

Genaugenommen müßte mit obigen „Eckwerten" interpoliert werden, weil zunächst der Winkel von 44° 49′ zwischen 44° und 45° liegt. Das sähe dann so aus:

Kimmabstand	HP 54,5′	HP 55′
44° 49′	47,0′	47,5′

Nun müßte weiter interpoliert werden, weil wir ja weder eine HP von 54,5′ noch von 55′ haben, sondern 54,6′, was schließlich eine Gb von 47,1′ ergibt.

Das ist der korrekte Weg zur genauen Gb

für jene Nautiker, die der Meinung sind, sie könnten auf einer Yacht Gestirne auf eine halbe Minute genau messen. Ich kann das nicht, deshalb ist es für mich ausreichend, die Gb unter Berücksichtigung obiger Eckwerte über den Daumen zu peilen und anschließend auf ganze Minuten auf- oder abzurunden, was zu einer Gb von 47′ führt. Im Gegensatz zur Gb-Tafel der Sonne ist bei der Gb-Tafel für den Mondunterrand die Augeshöhe noch nicht berücksichtigt. Diese wird nach der Tabelle unten in der Anlage 10 noch angebracht und beträgt bei einer yachtüblichen Augeshöhe von zwei Metern abgerundet + 3′. Die endgültig berichtigte Mondhöhe im obigen Beispiel ist also:

		44° 49′
Gb	+	47′
Augeshöhe	+	03′
		45° 39′

Bei der Sonne wird man im allgemeinen immer versuchen, den Sonnenunterrand zu messen, da dieser in 95 % aller Fälle viel besser im Sextanten wahrgenommen werden kann; zum Oberrand wird man nur dann greifen, wenn der Unterrand gerade von einem Wolkenfetzen verdeckt ist.

Beim Viertelmond ist man manchmal gezwungen, den Mondoberrand zu messen, weil eben nur dieser Rand sichtbar ist. In diesem Fall muß bei der Gb nach vorangegangenem Muster eine weitere Zusatzverbesserung *abgezogen* werden. Sie steht in der Anlage 10 am Ende der Haupttafel unter der jeweiligen Horizontalparallaxespalte. Wäre im obigen Beispiel der Mondoberrand gemessen worden, so müßten noch 29,7′, also rund 30′, abgezogen werden, so

daß sich eine berichtigte Mondhöhe von

	45° 39′
	— 30′
	45° 09′

ergibt.

Folgende Beispiele bitte ich unbedingt durchzurechnen:

Welche berichtigte Mondhöhe ergäbe sich, wenn gemessen würde?

a) Am 12. 6. 77 um 13 h 10 m 12 s der Mondunterrand mit 28° 19′.
b) Am 11. 6. 77 um 02 h 12 m 29 s der Mondoberrand mit 55° 09′.
c) Am 1. 4. 77 um 22 h 10 m 09 s der Mondoberrand mit 62° 09′.
d) Am 31. 3. 77 um 14 h 12 m 02 s der Mondunterrand mit 49° 30′.

Die Ermittlung der Bildpunktkoordinaten des Mondes

Welche Bildpunktkoordinaten hat der Mond am 1. 4. 77 um 15 h 53 m 09 s UT1?

a) Die Bildpunktbreite (Declination):

Das N. J. gibt auch für den Mond die Bildpunktkoordinaten für jede Stunde an. Am 1. 4. 77 um 15 Uhr finden wir eine Bildpunktbreite (Anlage 5) von 5° 05,2′ N, um 16 Uhr wäre sie nur noch 4° 54,4′ N. Ein Blick läßt hier schon erkennen, daß sich in einer Stunde die Bildpunktbreite des Mondes wesentlich stärker ändert als zum Beispiel in der gleichen Zeit die Bildpunktbreite der Sonne, deren Änderung an diesem Tag in einer Stunde lediglich eine Minute beträgt. Wir können hier also nicht mehr wie bei der Sonne die Bildpunktbreite aus den beiden Werten um 15 Uhr und um 16 Uhr „abschätzen", sondern hier müssen wir schon genau rechnen. „Rechnen" ist allerdings etwas zuviel gesagt. Nicht einmal die Differenz zwischen 15 Uhr und 16 Uhr müssen wir nämlich ausrechnen, sondern sie steht in der Spalte „Unt" fertig mit 10,8′ angegeben. Die Frage lautet also: Wenn sich die Breite in einer Stunde um 10,8′ verändert, wieviel verändert sie sich dann in 53 Minuten?

Die Antwort gibt ebenfalls mit einem Blick die Schalttafel aus dem N. J. (Anlage 8). Für 53 Minuten ist in der Spalte „Unt" bei 10,8′ eine Verbesserung („Vb") von 9,6′ fix und fertig angegeben. Dies gilt für alle 53 Minuten-Werte, da eine weitere Verbesserung für die einzelnen Sekunden keine wesentlichen Werte mehr ergeben würden; die Sekunden können also bei der *Verbesserung für die Declination* vergessen werden.

So braucht nur noch die Verbesserung von 9,6′ bei der Declination für 15 Uhr angebracht werden, damit die genaue Declination für 15 h 53 m feststeht. Hier heißt es aber aufpassen: Aus dem Vergleich der Declinationswerte für 15 Uhr und 16 Uhr läßt sich genau erkennen, daß die Declination sich verringert. Die Verbesserung *muß* deshalb von der Declination für 15 Uhr abgezogen werden.

Declination	5° 05,2′ N
	— 09,6′ N
	4° 55,6′ N

Die „fertige" Declination von 4° 55,6′ darf natürlich jetzt wieder ab- bzw. aufgerundet zu 4° 56′ N werden. Denn in die H. O. 249 gehen später bei der Verbesserung von Hc mit der Tafel 5 nur die ganzen Minuten der Declination ein.

Die berichtigten Winkel von Seite 83 lauteten übrigens:
a) 29° 17′ b) 55° 22′ c) 62° 17′ d) 50° 20′

b) Der Greenwichwinkel (Bildpunktlänge) des Mondes: Bei der Sonne ist die Berechnung des Greenwichwinkels außerordentlich einfach, weil sie ja fast genau in einer Stunde 15° nach Westen zurücklegt. Da sich diese Geschwindigkeit kaum ändert, können wir bei der Sonne ohne weiteres für die Minuten und Sekunden den „Zuwachs" aus der Schalttafel (Anlage 7/8) entnehmen, die für eine Sonnengeschwindigkeit von genau 15° pro Stunde berechnet ist. Beim Mond gibt es hier – scheinbar – Schwierigkeiten. Denn die Geschwindigkeit des Mondbildpunktes um die Erde ändert sich das ganze Jahr über. Seine langsamste Geschwindigkeit ist genau 14° 19′ in einer Stunde. Betrachten wir einmal die Strecke, die der Mondbildpunkt von 15 Uhr bis 16 Uhr UT1 am 1. 4. 77 zurücklegt:

Bildpunktlänge um 16 Uhr:	271° 19,5′
Bildpunktlänge um 15 Uhr:	— 256° 50,1′
Differenz:	14° 29,4′

Der Mond hat also am 1. 4. 77 nicht seine Mindestgeschwindigkeit von 14° 19′, sondern er macht in einer Stunde 14° 29,4′ nach Westen gut. Dies hätten wir übrigens gar nicht so mühsam ausrechnen brauchen, denn *die Abweichung gegenüber der Mindestgeschwindigkeit* ist in der Spalte „Unt" neben dem Grt fertig mit 10,4′ angegeben. Die Spalte „Mond" in der Schalttafel (Anlage 8) ist nur genau auf die Mindestgeschwindigkeit des Mondes ausgerichtet. Wir benutzen diese Spalte in ähnlicher Weise wie die bei der Sonne, doch bringen wir dann noch eine Zusatzverbesserung für den „Unt" gegenüber der Mindestgeschwindigkeit an. Diese Zusatzverbesserung finden wir in gleicher Weise wie vorher bei der Declination des Mondes auf der 53-Minuten-Seite mit Hilfe „Unt" in der Spalte „Vb". Sie beträgt ca. 9,3'.

Grt für 15 Uhr UT1:	256° 50,1'
„Zuwachs" aus 53 Minuten-Schalttafelseite aus Spalte „Mond" für 53 m 09 s	+ 12° 40,9'
Zusatzverbesserung wegen des Unterschiedes gegenüber der Mindestgeschwindigkeit:	+ 09,3'
	269° 40,3'

Die Bildpunktlänge des Mondes ist also für den 1. 4. 77 um 15 h 53 m 09 s UT1 genau:

Hier werden bei der Bildpunktberechnung des Mondes die meisten Fehler gemacht:

1. Ob die Verbesserung („Vb") bei der Declination weg- oder hinzugezählt wird, kann nur durch einen Vergleich der Declination der vorhergehenden und nachfolgenden vollen Stunde festgestellt werden. Steigen die Werte an, dann muß die Verbesserung hinzugezählt werden und umgekehrt.

2. Bei der Bildpunktlänge des Mondes muß zunächst der „Zuwachs" auf der Schalttafel immer *hinzugezählt* werden. Dabei ist darauf zu achten, daß nur die Spalte „Mond" benutzt wird. Zuletzt muß die Verbesserung immer *hinzugezählt* werden. Bei der Bildpunktlänge werden Zuwachs und Verbesserung also *immer* hinzugezählt.

Jetzt bereitet es sicher keine Schwierigkeiten mehr, folgende Bildpunktkoordinaten des Mondes auszurechnen:

a) 11. 6. 77 02 h 52 m 19 s UT1
b) 31. 3. 77 04 h 31 m 24 s UT1
c) 1. 4. 77 21 h 28 m 49 s UT1
d) 31. 3. 77 16 h 30 m 01 s UT1
e) 1. 4. 77 12 h 53 m 22 s UT1
f) 12. 6. 77 23 h 55 m 28 s UT1

Wenn die Bildpunktkoordinaten ermittelt sind und der Sextantwinkel der Mondmessung um die Gb berichtigt ist, unterscheidet sich eine Mondstandlinie in keiner Weise mehr von der Ausrechnung einer Sonnenstandlinie (Seite 58). Deshalb ist es jetzt ein leichtes, in den folgenden Aufgaben mit Hilfe der „hausgemachten Seekarte" (Seite 66) gleich den jeweiligen Schiffsort festzustellen.

1. Am 12. 6. 77 befindet sich die Yacht *Moriah* auf ca. 40° 51' N und 55° 14' W. Um 16 h 52 m 12 s UT1 wird der Mondoberrand mit 28° 03' und um 16 h 53 m 24 s der Sonnenunterrand mit 66° 20' gemessen. Standort?

XXII. Planeten

2. Am 11. 6. 77 schätzt der Navigator der *Kairos* seinen Standort auf 39°52′ N und 161°44′ E. Um 1 h 29 m 24 s UT1 mißt er den Mondoberrand mit 21°36′ und den Sonnenunterrand mit 72°40′ um 1 h 31 m 22 s.

3. Der gegißte Schiffsort von *Kathena* war am 11. 6. 77 40°02′ N und 32°49′ W. Um 11 h 29 m 43 s UT1 mißt der Mondoberrand 54°45′, während eine Messung des Sonnenunterrandes um 11 h 31 m 52 s am Sextanten 52°17′ ergibt. Wo war der Schiffsort?

Wenn am hellichten Tage am Himmel irgendwo ein „Stern" zu sehen ist, so handelt es sich mit Sicherheit um einen Planeten, höchstwahrscheinlich um die Venus oder den Mars. Wie gut sie sichtbar sind, hängt im wesentlichen davon ab, wie weit sie von der Sonne entfernt sind. In jedem Fall aber ergeben sie gute Standlinien. Wenn der Navigator sehr gute Augen hat, so wird er die Venus sogar als winzige Scheibe erkennen können. Trotzdem versuche er nicht, den Venusunterrand auf die Kimm zu setzen, sondern lasse die Kimm durch dieses winzige Scheibchen hindurchlaufen. Dann entfällt nämlich bei der Festsetzung der Gb (Anlage 9) jegliche Zusatzbeschickung für die Horizontalparallaxe – auch bei der Venus, wo die HP am größten sein kann. Ansonsten wird die Gb aus der Tafel (Anlage 9) wie bei der Sonne entnommen. Auf eines muß aber geachtet werden, und das gibt die Gb-Tafel „für Fixsterne und Planeten" nicht deutlich genug wieder:

> Alle Gb-Werte für Planeten und Fixsterne sind negativ, das heißt, sie müssen nach der Messung vom Sextantwinkel abgezogen werden (im Gegensatz zur Sonnen-Gb).

Die Gb-Tafel für Fixsterne und Planeten (Anlage 9) läßt sich auf gleiche Weise für die Praxis vereinfachen, wie wir das schon bei der Sonne gemacht haben (Seite 28). Wiederum legen wir eine yachtübliche Augeshöhe von 2 m zu Grunde.

Das ergibt dann:

Kimmabstand	Augeshöhe 2 m
ab 18°	— 5′
ab 26°	— 4′
ab 45°	— 3′

Die Ermittlung der Bildpunktkoordinaten von Planeten

a) Declination (Bildpunktbreite)
Wieder zeigt ein Blick in das N. J. für den 1. April, daß bei der Declination δ der Planeten in gleicher Weise verfahren werden kann wie bei der Sonne. Ein Abschätzen zwischen den beiden Werten für die vollen Stunden vor und nach der Messung reicht durchaus aus.

b) Greenwichwinkel (Bildpunktlänge)
Auch das funktioniert wie bei der Sonne, wobei in der Schalttafel sogar die gleiche Spalte benutzt wird.
Ähnlich wie bei Mond muß bei den Planeten noch eine Zusatzverbesserung angebracht werden, da auch deren Bildpunktgeschwindigkeit um die Erde nicht ganz so gleichmäßig wie die der Sonne ist. Der Unterschied („Unt") gegenüber der Geschwindigkeit des Sonnenbildpunktes ist jeweils bei den Planeten unter der Spalte „Grt" abgedruckt, also beispielsweise am 1. 4. 77 bei der Venus „3,8". Zusätzlich zum Zuwachs zählen wir also zum Grt noch eine Verbesserung hinzu, die wir aus der betreffenden Minutenseite der Schalttafelspalte „Vb" mit diesen 3,8′ gewinnen.

Beispiel für 1. 4. 77, 14 h 31 m 49 s UT1 – Venus

Declination:		14° 51′ N
Grt:		25° 09,5′
Zuwachs:	+	7° 57,3′
Vb:	+	02,0′
Bildpunktlänge:		33° 08,8′

Wie beim Mond ist die letzte Verbesserung in der Regel positiv, und muß also hinzugezählt werden. Nur in ganz seltenen Fällen kommt es bei der Venus vor, daß sie negativ wird. Dies ist aber im N. J. durch ein deutliches Minuszeichen ausdrücklich angegeben.

Welche Bildpunktkoordinaten haben am 31. März 1977:
a) die Venus um 17 h 54 m 29 s
b) der Mars um 04 h 30 m 22 s
c) der Jupiter um 22 h 31 m 09 s
d) der Saturn um 23 h 54 m 19 s

Die Bildpunktkoordinaten des Mondes von Seite 85 waren:
a)   7° 37′ N, 285° 30,6′
b) 10° 45′ N, 117° 03,9′
c)   3° 55′ N, 350° 43,4′
d)   8° 54′ N, 290° 43,3′
e)   5° 28′ N, 226° 15,1′
f) 13° 35′ N, 221° 06,4′

Die Schiffsorte lauteten:
1. 41° 06′ N,   55° 23′ W
2. 39° 40′ N, 161° 56′ E
3. 39° 59′ N,   32° 56′ W

Der große Vorteil der Planeten, daß sie oft am Tage sichtbar sind und dann mit der

Sonne zusammen gleich einen fertigen Schiffsort ergeben, stößt in der Praxis auf Schwierigkeiten. Selbst wenn man weiß, daß sie am Firmament irgendwo zu sehen sein müßten, sucht sich das Auge am Himmelsgewölbe müde, weil es den winzigen Lichtfleck einfach nicht finden kann. Die H.O. 249 hilft hier weiter.

Angenommen, die Yacht *Ostwind* befindet sich am 31. 3. 77 gegen 11 h 30 m UT1 ungefähr auf 40°10′N und 36°00′W. Der Skipper möchte eine Standlinie von der Venus nehmen, er kann sie jedoch nicht am Himmel entdecken. Nachdem er ungeübt ist, und glaubt für die Rechnerei ziemlich lange zu brauchen, möchte er ausrechnen, unter welchem Winkel und in welcher Richtung er die Venus in einer halben Stunde, also um 12 Uhr UT1, sehen wird. Der Gang dieser Rechnung ist einfach:

● Die Bildpunktkoordinaten für 12 Uhr UT1 werden festgelegt.

● Der LHA wird berechnet.

● Wie bei der Berechnung einer Sonnenstandlinie (Seite 58) wird in die H.O. 249 eingegangen, um dort Azimut und Hc zu finden.

Also:

1. Bildpunktkoordinaten:

Declination	15°08,9′N
Grt	353°31,1′

2. LHA =

	353°31,1′
	— 36°00,0′
	317°31,1′
LHA ganzgradig	318°

3. Tafeleingang:

Declination	15°09,0′N
Breite	40°
LHA	318°
Ergebnis Hc:	45°45′ d: + 40 Z: 112°
Verb. Tafel 5 Hc:	45°45′
	+ 06′
	45°51′

Azimut = Z: also 112°

Wenn der Navigator also um ca. 12 Uhr UT1 bei einem eingestellten Winkel von 45°51′ am Sextanten den Horizont in einer rechtweisenden Richtung von ca. 112° bestreicht, so wird er mit einiger Sicherheit bei klarem Himmel dort die winzige Scheibe der Venus entdecken. Möchte er noch etwas präziser arbeiten, so sollte er bei Hc zusätzlich noch die Gb anbringen. Aus der abgekürzten Gb-Tafel von Seite 87 ergibt sich ein Gb-Wert von abgerundet –3′. Weil dieses Vorzeichen dann gilt, wenn der gemessene Winkel berichtigt wird, der Navigator der *Ostwind* aber im Moment den umgekehrten Weg rechnet, also den unberichtigten Sextantwinkel sucht, müssen diese 3′ zu Hc von 45°51′ hinzugezählt werden. Mit gutem Gewissen könnte der Navigator aber *beim Suchen* eines Sterns die Gb vernachlässigen, da das Blickfeld des Sextanten so groß ist, daß der Planet auch ohne Berücksichtigung der Gb auf dem Sextantspiegel auftauchen muß. So genau können wir ohnehin nicht vorausrechnen, da ja der genaue Standort unbekannt ist und wir ja nur für den gegißten Standort vorausberechnet haben.

Ist der Planet aber entdeckt, hat die Vorausberechnung ihren Zweck erfüllt. Der

XXIII. Ausgewählte Fixsterne (selected stars)

Planet wird dann in gleicher Weise gemessen und anschließend seine Standlinie ausgerechnet, wie wenn der Navigator ihn auch ohne Vorausberechnung entdeckt hätte.*)

Die Bildpunktkoordinaten von Seite 87 lauteten:

     a) 15°05′ N, 82°30,7′
     b) 9°26′ S, 275°17,9′
     c) 19°26′ N, 109°33,2′
     d) 18°41′ N, 55°02,5′

1. Am 11. 6. 77 segelt die *Eleutheria* auf ca. 39°44′ N und 133°12′ W. Um 18 h 52 m 22 s UT1 wird der Mars mit 58°21′ und um 18 h 53 m 56 s UT1 der Sonnenunterrand mit 59°41′ gemessen. Schiffsort?

2. Am 12. 6. 77 wird auf der *Bebinka* (unsicherer Schiffsort: 41°10′ N, 58°22′ W), nachdem zwei Tage lang keine Gestirnshöhen möglich waren, die Venus mit 28°54′ um 16 h 52 m 24 s gemessen. Um 16 h 53 m 29 s folgt dann die Messung des Sonnenunterrandes mit 68°06′. Wie viele Seemeilen ist der tatsächliche Schiffsort vom gegißten entfernt?

3. Am 31. 3. 77 befindet sich die *Ard Scholas* ungefähr auf 40°49′ N und 179°27′ W. Bob „schießt" um 4 h 52 m 12 s UT1 die Venus mit 27°24′ und um 4 h 53 m 39 s UT1 den Jupiter mit 59°49′. Welches Fix ergibt sich?

---

*) Es ist durchaus möglich, Teile des Rechenganges zur Vorausberechnung von Hc später beim Berechnen der Standlinie zu verwenden und sich dadurch einen kleinen Teil der Arbeit zu ersparen. Ich rate jedoch insbesondere bei Anfängern davon ab, weil dies – wie ich aus praktischer Erfahrung weiß – zur Verwirrung führen kann.

Als ich fast vier Jahre lang um die Welt gesegelt bin, habe ich während dieser Zeit ungefähr folgende Standlinien verwendet:
Ca. 400 Mittagsbreiten
Ca. 800 „gewöhnliche" Sonnenstandlinien
Ca. 100 Mondstandlinien
Ca. 50 Planetenstandlinien
Ca. 50 Standlinien von Fixsternen
Bei entsprechend übermäßiger Vorsicht könnte man auch um die Welt segeln ohne jemals mit Sternen astronomisch arbeiten zu müssen. Tatsächlich gibt es auch eine Reihe von Weltumseglern, die auf diese Art von Navigation voll verzichtet haben. Allerdings kostete das dadurch notwendige Beidrehen vor einem Landfall bis zur nächsten Schiffsortbestimmung eine Menge Zeit und oftmals Nerven.
Trotzdem rate ich dem Leser, sich noch kurz die Astronavigation mit Hilfe von Fixsternen „anzusehen", denn – sie ist die einfachste. Beispielsweise ist es nicht notwendig, bestimmte Sterne zu kennen. Wenn ich „einfach" sage, meine ich allerdings nur die Arbeit mit den Tafeln. Das Messen der Sterne dagegen ist nicht einfach und läßt sich nur mit sehr viel Übung erlernen. Hier gleich ein wichtiger Hinweis: Sterne können nur in sehr hohen Breiten, also bei großen Unterschieden zwischen Declination und Schiffsbreite auch in der Nacht verwendet werden. *Im Normalfall* ist nämlich nachts die Kimm nicht sicher genug auszumachen. Wenn die Kimm aber durch den Mond hell erleuchtet ist, dann gilt das gleiche, was schon beim Mond gesagt wurde. Die Gefahr, daß die Kimm vom Mond überstrahlt ist und diese deshalb gar nicht gesehen werden kann, ist so groß, daß dringend von einer nächtlichen Schiffsortbestimmung mit Hilfe von Gestirnsmessungen abzuraten ist – selbst im Notfall!

Sterne können deshalb nur in der Dämmerung gemessen werden. Nebenbei – die Kenntnis der Sterne würde oft nicht viel helfen, da zum Identifizieren eines bestimmten Sternes ja meist ganze Sternbilder zur Orientierung notwendig sind. Man denke an unseren Nordstern, der sich – wie wir in der Schule gelernt haben – am leichtesten auffinden läßt, wenn die hintere Wagenseite des Großen Wagens fünfmal verlängert wird. Kann ich den Nordstern also nur mit dieser Orientierung finden, so muß ich in der Abenddämmerung so lange warten, bis der Große Wagen voll sichtbar ist. Dadurch ist bereits soviel Zeit verstrichen, daß bis dahin die Kimm wahrscheinlich schon verschwunden und nur noch zu erahnen ist.

Selbst wenn aber rechtzeitig der Stern identifiziert ist, ergibt sich eine weitere Schwierigkeit daraus, daß er ja nun im Fernglas des Sextanten ohne seine Nachbarsterne auftaucht und man deshalb nicht so sicher sein kann, auch den richtigen erwischt zu haben.

All diese Schwierigkeiten vermeidet die H. O. 249 mit ihren „selected stars", die sich in hervorragender Weise als „Sternfinder" einsetzen läßt. Ähnlich wie bei der Vorausberechnung der Venus auf Seite 88 berechnen wir auf höchst einfache Art bestimmte Sterne voraus, und suchen dann mit dem voreingestellten Winkel in der jeweiligen Richtung (Azimut) den Horizont ab, bis ein winziger Lichtfleck im Sextanten zeigt, daß der betreffende Stern gefunden ist. Die Wahrscheinlichkeit, einen falschen erwischt zu haben, ist in der Praxis außerordentlich gering. Spätestens stellt sich dies ohnehin beim Zeichnen der Standlinie mit größter Wahrscheinlichkeit heraus. Die Sicherheit vor solchen Überraschungen wird noch dadurch gesteigert, daß die „selected stars" im allgemeinen ermöglichen, während einer Dämmerung bis zu sieben Sterne zu schießen, so daß „ein schwarzes Schaf" unter den Standlinien ganz klar auffallen würde.

Die Berechnung einer Fixsternstandlinie nach H. O. 249 – selected stars – ist im Prinzip die gleiche wie die einer Sonnenstandlinie, jedoch viel einfacher. Ein Blick in die Seite für 40° N (Anlage 4) macht dies deutlich: Zunächst hat jeder Breitengrad – ob Nord oder Süd – seine eigene Seite. Der zweite Eingang ist dann lediglich noch der LHA, wobei der dritte Eingang „Declination" vollkommen fehlt. Bei einem LHA von 135° und einem gegißten Schiffsort von 40° N zeigt die Tafel auf einen Blick Hc und Azimut für sieben Sterne, also zum Beispiel für den Arcturus 20° 48′ und ein Azimut von 82°. Eine Azimutregel am linken oberen oder unteren Rand wie bei den anderen Bänden der H. O. 249 fehlt. Das Azimut ist also fix und fertig in der Tafel und kann ohne weitere Umrechnung übernommen werden.

Eines ist noch unklar: Wenn der LHA für alle sieben Sterne gilt, welche Bildpunktlänge ist neben der Schiffslänge in ihm enthalten? Im N. J. (Anlage 5) fehlen die Bildpunktkoordinaten des Arcturus. Auch die übrigen Sterne sind dort nicht verzeichnet. Das wäre auch gar nicht möglich, denn wenn die Bildpunkte aller Fixsterne im N. J. angegeben wären, hätte es einen unendlich großen Umfang.

Man hat sich hier mit einem kleinen Trick beholfen: Am Himmel wurde willkürlich ein Punkt bestimmt, der sozusagen stellvertretend für alle Fixsterne im N. J. als der sogenannte „Frühlingspunkt" (oder „Aries") angegeben wird. Nachdem sich die Fixsterne in ihrer Stellung zueinander nicht ändern, könnten wir die Bildpunktkoordinaten für jeden Fixstern das ganze Jahr über berechnen, wenn nur bekannt ist, in welcher Entfernung zum Frühlingspunkt der betreffende Fixstern steht und welche Koordinaten der Bildpunkt des Frühlingspunktes hat. Diese Entfernung gibt der sogenannte Sternwinkel – im Jahrbuch mit „ß" bezeichnet – an, der dann benötigt wird, wenn eine Fixstern-Standlinie mit Hilfe des zweiten oder dritten Bandes der H.O. 249 – ähnlich wie wir es bisher mit Sonne, Mond und Planeten gemacht haben – berechnet wird.

Und jetzt kommt die großartige Vereinfachung für den ersten Band der H.O. 249 („selected stars"):
Für alle ausgewählten Sterne muß nur noch der LHA zum Frühlingspunkt berechnet werden, weil der Sternwinkel im 1. Band („selected stars") der H.O. 249 bereits eingerechnet ist, so daß wir uns um ihn nicht mehr kümmern müssen. Ansonsten geschieht die Feststellung des LHAs nach altbekannter Regel:

> Schiffswestlänge wird von der Frühlingspunktlänge abgezogen.
> Schiffsostlänge wird zur Frühlingspunktlänge hinzugezählt.

Eine Declination wird beim Gebrauch der selected stars nicht benötigt.
Das eigentliche Problem beim Sternemessen mit Hilfe der H.O. 249-selected-stars liegt darin, den richtigen Zeitpunkt für die Messung zu finden, also abends die wenigen Minuten, wo der Horizont noch und die Sterne schon zu sehen sind. Dieser Zeit-

punkt liegt viel früher, als man glaubt. Wenn man nämlich mit dem voreingestellten Sextanten den Horizont nach einem bestimmten Stern absucht und dieser dann im Fernglas auftaucht, so kann man ihn meistens mit bloßem Auge noch gar nicht erkennen, selbst wenn man den Himmel genau an dieser Stelle absucht.
Leider ist es auch nicht so, daß man sagen kann, von X-Uhr bis Y-Uhr ist die Zeit günstig. In der Praxis handelt es sich meist nur um wenige Minuten, in denen die Sternmessungen dann absolviert sein müssen. Ganz anders also wie bei Planeten, die über einen sehr langen Zeitraum bei günstigen Bedingungen zur Navigation zur Verfügung stehen. So auch bei den Aufgaben von Seite 89, für die sich folgende Antworten ergeben haben müssen:

1. 39° 40′ N, 133° 21′ W
2. 27 sm (Schiffsort war 40° 43′ N, 58° 18′ W)
3. 40° 31′ N, 179° 16′ W

Mit Hilfe von Tafeln im N. J. sind Vorausberechnungen der Dämmerungszeiten zwar möglich, doch ich habe mit dieser Methode in der Praxis keine guten Erfahrungen gemacht. Habe ich mich nämlich bei der Vorausberechnung zunächst nur auf einen Stern konzentriert, um nach dessen Messung auch die anderen „selected stars" auf den Horizont zu setzen, ist es mehr als einmal passiert, daß gerade der vorausberechnete Stern erst dann im Sextanten sichtbar geworden ist, als der Horizont schon nicht mehr mit Sicherheit auszumachen war. Zu spät war es dann auch oft für alle anderen Sterne, so daß ich zwar beim Abendessen nichts mehr zu rechnen, aber auch keinen Standort hatte. Nachdem ich mich selbst als durchschnittlichen Navigator ohne Sehfehler einschätze, bin ich der Meinung, daß eine derartige Methode, die zu so viel Mißerfolgen führt, nicht weiter empfohlen werden kann, denn die Gefahr ist zu groß, daß auch ein anderer durchschnittlicher Navigator damit nicht zu Rande kommt.

Nach diesen schlechten Erfahrungen beim Messen von Sternen habe ich die Taktik vollkommen geändert und folgendes System verwendet, das mich daraufhin jahrelang vor Fehlschlägen bewahrt hat: Es beruht auf der einfachen Erwägung, daß der LHA – auch der mit dem Frühlingspunkt – alle 4 Minuten um 1 Grad anwächst. Als Eingänge in die selected stars reicht ja die ganzgradige Schiffsbreite (Rechenortbreite) und der LHA mit dem Frühlingspunkt für sämtliche sieben selected stars. Zum Suchen der Sterne beginne ich mit einem Zeitpunkt, der mindestens 15 Minuten vor dem ungefähren Eintritt der Dämmerung (deren Zeitpunkt ich in etwa vom Vorabend kenne) liegt. Für diesen Zeitpunkt berechne ich den LHA mit dem Frühlingspunkt und mache ihn durch Auf- oder Abrunden ganzgradig, damit er sich als Tafeleingang eignet. Um beispielsweise 19 h 15 m UT1 habe ich so einen LHA von 135° bei einer Rechenortbreite von 40° N. Wichtig bei diesem System ist lediglich, daß eine Hilfsperson am Kartentisch sitzt und den Mann oben am Sextanten mit den richtigen Suchwerten versorgt. Der Navigator hat dafür eine Liste vorbereitet, die in etwa so aussehen kann:

LHA: 135° 19 h 15 m UT1
136° 19 h 19 m UT1
137° 19 h 23 m UT1
138° 19 h 27 m UT1
usw. usw.

Der Sinn dieser Liste leuchtet ein. Alle 4 Minuten wächst der LHA um 1 Grad an, so daß der Mann am Kartentisch nur mit einem Blick auf die Navigationsuhr um 19 h 19 m sein Lineal in den selected stars (Anlage 10) von 135° auf 136° runterschiebt.

LAT 40° N

LHA ♈	Hc	Zn	Hc	Zn	Hc	Zn	Hc	Zn	Hc	Zn	Hc	Zn	Hc	Zn
	•Dubhe		REGULUS		PROCYON		•SIRIUS		RIGEL		ALDEBARAN		•Mirfa
90	41 04	037	29 17	099	48 53	141	32 24	167	40 35	195	60 01	224	60 50	303
91	41 32	037	30 02	100	49 21	142	32 33	169	40 22	197	59 29	226	60 12	303
92	42 00	037	30 47	100	49 49	144	32 42	170	40 09	198	58 55	227	59 33	303
93	42 28		31 32	101	50 16	145	32 50	171	39 54	199	58 21	229	58 54	303
													58 15	303
	020	42 4						21 23 230						
	38 02	020	43 27	11		26 24	213	20 56	239	30 4		297		
133	38 18	020	44 10	111	57 33	144	25 58	214	20 16	239	29 59	267	50 37	297
134	38 34	020	44 53	112	58 00	146	25 32	215	19 37	240	29 13	267	49 56	297
	Kochab		•ARCTURUS		SPICA		REGULUS		•SIRIUS		BETELGEUSE		•CAPELLA
19 h 15 m → 135	38 50	020	20 48	082	10 33	114	58 25	147	25 05	216	37 15	245	49 15	298
19 h 19 m → 136	39 06	020	21 34	082	11 15	115	58 49	149	24 38	217	36 33	246	48 35	298
19 h 23 m → 137	39 22	020	22 19	083	11 57	116	59 12	151	24 09	218	35 51	246	47 54	298
138	39 38	021	23 05	084	12 38	116	59 34	153	23 41	219	35 09	247	47 14	298
139	39 54	021	23 50	084	13 19	117	59 54	154	23 12	220	34 26	248	46 33	299
140	40 10	021	24 36	085	14 00	118	60 13	156	22 42	221	33 44	249	45 53	299
141	40 27	021	25 22	085	14 40	119	60 31	158	22 12	222	33 01	250	45 13	299
142	40 43	021	26 08	086	15 21	119	60 47	160	21 41	723	32 17	251	44 33	299
143	40 59	021	2	087	16 01		16				31 34	251		
144														

Um 19 h 20 m UT1 wird der Navigator mit dem Sextanten von seinem Helfer zum Beispiel angewiesen: „39° 06′ – Azimut 20°." Daß es sich hierbei um die Werte des Fixsterns Kochab handelt, braucht der Mann oben an Deck gar nicht zu wissen. Er wird seinen Sextanten auf 39° 06′ einstellen und in einer Richtung von 20° rechtweisend aufmerksam mit dem Sextanten am Horizont entlangwandern. Findet er den Lichtfleck nicht, so probiert er weiter mit irgendeinem anderen Stern, wobei er von unten die Werte zugerufen bekommt.
Um 19 h 23 m UT1 wird am Kartentisch das Lineal wieder eine Zeile hinuntergeschoben auf „LHA = 137°".

Auf diese Art und Weise ist die Gewähr am größten, daß der meist sehr kurze Augenblick für mögliche Sternmessungen nicht übersehen wird.

Ein Tip aus der Praxis: Höher stehende Sterne sind eher auszumachen als niedrige Sterne. Jene, die im östlichen Quadranten ihr Azimut haben, sind eher auszumachen als Sterne im Westen.

Im übrigen sollten wir uns klar darüber sein, daß die selected stars nicht die hellsten Sterne sind. Selten wird es uns gelingen, alle sieben Sterne zu messen – was durchaus wünschenswert wäre. Meistens werden Segel oder Aufbauten von vornherein den Blick in eine bestimmte Richtung verdecken. Bei guten Sichtverhältnissen sollte angestrebt werden, die Sterne zu messen, die in der H.O. 249 mit einer kleinen Marke versehen sind, also im obigen Beispiel Arcturus, Sirius und Capella. Deren Standlinien ergeben nämlich die besten Schnittpunkte.

Nachdem es in der – meist zu kurzen – Dämmerungszeit in erster Linie gilt, die Sterne zu finden, sollte man auf unnötige Rechnereien verzichten. Nicht notwendig ist deshalb, die Höhenwinkel, die uns der Mann am Kartentisch nach oben zuruft, noch mit der Gesamtbeschickung zu versehen. Es gilt hier das gleiche wie auf Seite 88 bei der Vorausberechnung der Venus. Die Gb macht für Fixsterne (das ist die gleiche Gb-Tafel wie bei Planeten) nur wenige Minuten aus, so daß das Weglassen der Gb sicher nicht zum Übersehen eines Sternes führt.

Dagegen kann uns der Helfer durch Schätzungen „zwischen den Zeilen" unterstützen, also z. B. um 19 h 17 m UT1 für die Capella ein Hc von 48° 55′ ausrufen.
Die so gemessenen Fixsterne werden dann in folgenden Schritten zu Standlinien umgerechnet:

● Für den sekundengenauen Meßzeitpunkt wird der Greenwichwinkel des Frühlingspunktes ausgerechnet. (Richtige Spalte im N. J. benutzen!!)

● Mit dem gegißten Schiffsort wird der LHA berechnet, der in gleicher Weise wie bei der Sonne durch die Wahl des nächstliegenden Rechenortes ganzgradig gemacht wird (Seite 54). Aus der Tafel „selected stars" wird Hc und das Azimut herausgelesen.

● Durch Vergleich mit dem berichtigten Sextantwinkel (nach Anbringung der Gb, die bei Fixsternen und Planeten immer minus ist) wird der Unterschied festgestellt, um den vom Rechenort aus die Standlinie senkrecht auf dem Azimut näher zum Stern hin oder vom Stern weg errichtet wird.

Nehmen wir an: Auf einem gegißten Schiffsort von 40° 22′ N und 17° 14′ W hat der Navigator am 11. 6. 77 auf die vorher beschriebene Art Arcturus gefunden. Um 19 h 54 m 11 s UT1 wird dieser Fixstern sodann mit 55° 31′ gemessen.

1. Berechnung der Bildpunktlänge Aries (Frühlingspunkt):

Grt	185°00,0′
Zuwachs	13°35,0′
	198°35,0′
Rechenortlänge	− 17°35,0′
LHA	181°00,0′

Tafeleingänge: LHA „181°" „40°N"

Tafelausgang Arcturus:

Hc 55°14′	Azimut 117°

$$-55°28' \left(\text{Gb} - \frac{\begin{array}{c}55°31'\\3' \text{ Seite 88}\end{array}}{55°28'} \right)$$

Unterschied zwischen gemessener und berechneter Höhe = 14 sm „hin".

Bevor nun eine Fixsternstandlinie gezeichnet wird, muß noch eine Kleinigkeit beachtet werden: Band 2 und 3 der H.O. 249, aus denen Anlagen 1/2 stammen und mit de-

nen wir Sonne-, Mond- und Planetenstandlinien berechnet haben, sind immerwährend. Auch in zwanzig Jahren können sie noch benutzt werden, selbst wenn es bis dahin vielleicht noch bessere Tafelwerke gibt. Anders steht es aber bei dem Band 1, den „selected stars". Die Fixsterne, für die ja im Band 1 Hc und das Azimut speziell berechnet sind, ändern nämlich ihre Position ein ganz klein wenig zueinander und damit auch zum Frühlingspunkt. Der LHA im Band 1 ist aber jeweils nur für den Frühlingspunkt angegeben. Zwar geht diese Positionsveränderung der Fixsterne so langsam vor sich, daß der 1. Band der H.O. 249 nicht schon nach einem Jahr überholt ist. Ohne Berücksichtigung dieser Veränderung kann genaugenommen der 1. Band der H.O. 249 aber nur für das Jahr benutzt werden, für das er berechnet

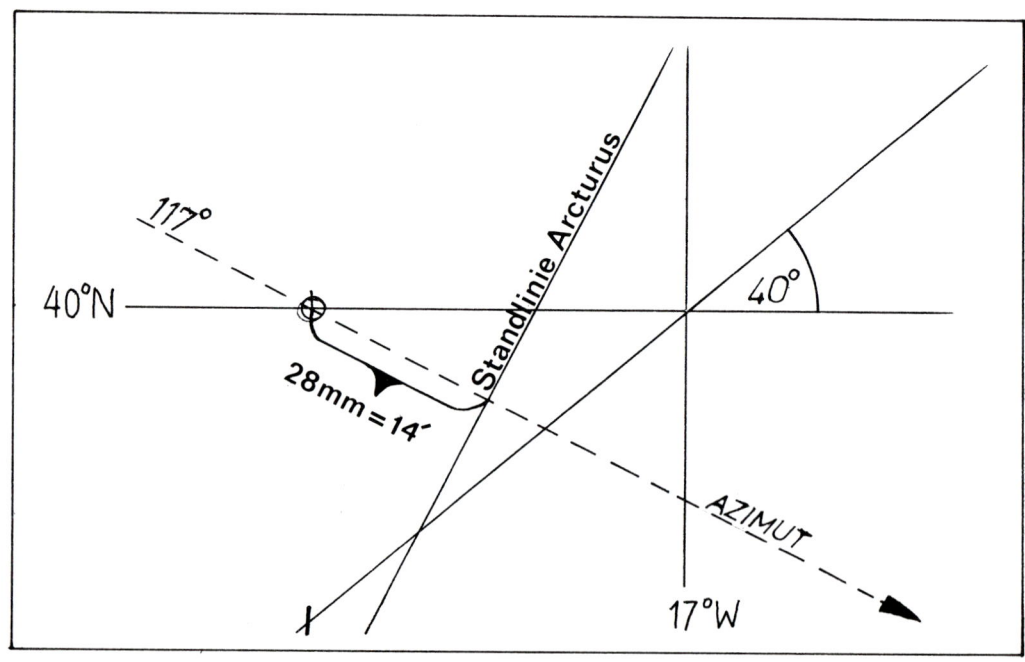

ist. Anlage 4 stammt aus der Ausgabe „Epoch 1975". Nur 1975 könnte obige Standlinie also unverändert gezeichnet werden. Trotzdem ist die Tafel „Epoch 1975" immerhin bis 1979 gedacht, wenn entsprechend der Tafel 5 aus der H.O. 249 Band 1 (nicht zu verwechseln mit der Tafel 5 zur Verbesserung der Declinationsminuten) der Rechenort oder eben die fertige Standlinie (was auf dasselbe hinausläuft) um die dort angegebenen Werte (Anlage 3) versegelt wird. Der Gebrauch dieser

Tafel 5 ist höchst einfach: Für das obige Beispiel finden wir bei den Eingängen Breite 40° und LHA 181°, die Anzahl der Seemeilen (2) und die rechtweisende Richtung (120°), um die der Rechenort (oder die Standlinie) versegelt (Seite 69) werden muß.

Die Arcturus-Standlinie sieht dann endgültig folgendermaßen aus:

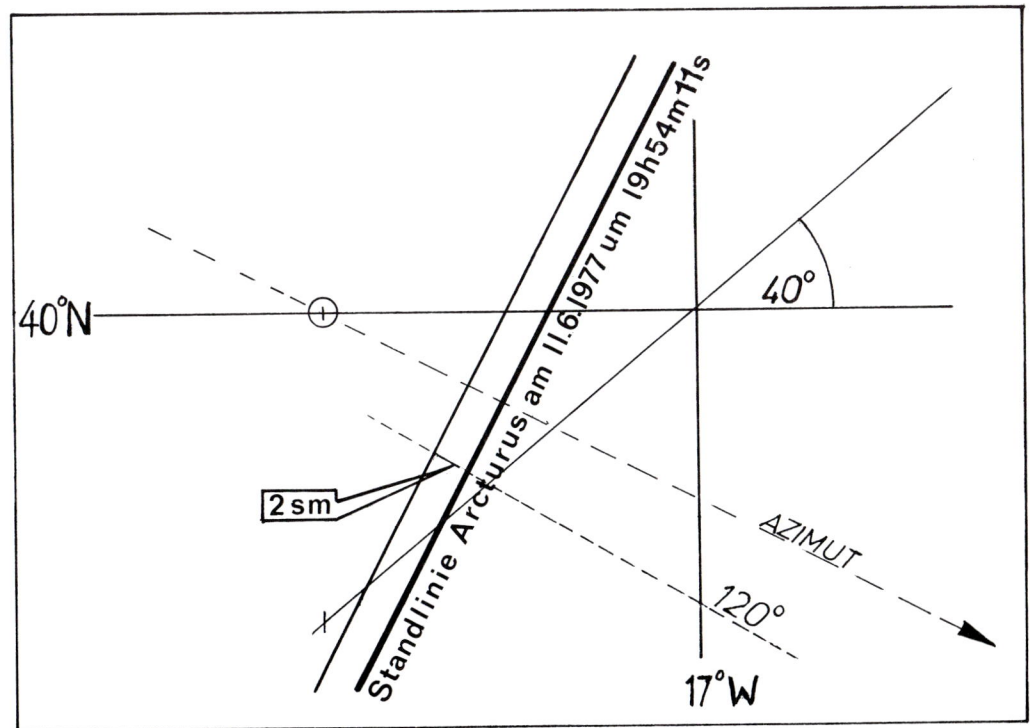

Stehen mehr als zwei Standlinien zur Verfügung, so entsteht ein mehr oder weniger großes Drei- oder Vieleck. Je kleiner dieses Vieleck, um so zuverlässiger ist der Schiffsort. Man sei hier nicht päpstlicher als der Papst und versuche etwa, aus dem Dreieck noch den eigentlichen Schiffsort herauszukonstruieren. Es reicht aus, wenn wir mit dem Bleistift die Mitte abschätzen und den Schiffsort dort markieren.

Wenn sich der Schiffsort nur aus Fixstern-standlinien zusammensetzt, brauchen wir obige Verbesserung – Tafel 5 – nicht bei jeder Standlinie anzubringen und diese zu versegeln. Es genügt, wenn der Schiffsort selbst alleine versegelt wird, da ja für alle diese Standlinien die gleichen Voraussetzungen für die Verbesserungen nach Tafel 5 vorliegen, nämlich Schiffsbreite, Jahr und LHA. Aber Vorsicht: Nicht, daß hier auch mal zum Beispiel eine Planetenstandlinie fälschlicherweise mit versegelt wird.

Bevor wir endgültig in See stechen, noch ein paar Beispiele:

1. Am 1. 4. 77 segelt *Kapduva* auf ungefähr 40° 12′ N und 63° 05′ W. In der Morgendämmerung gelingt es dem Skipper, folgende Sterne zu schießen:
um 9 h 28 m 24 s UT1: Altair mit 49° 45′
um 9 h 29 m 12 s UT1: Antares mit 20° 27′
um 9 h 31 m 44 s UT1: Arcturus mit 38° 04′.
Wo ist *Kapduva?*

2. Am 11. 6. 77 schätzt Bob von *Skylark* seinen Schiffsort mit 39° 50′ N und 176° 22′ E. In der Abenddämmerung gelingen ihm bei ungünstigen Sichtverhältnissen folgende Sternhöhen:
um 8 h 28 m 04 s Vega mit 33° 14′
um 8 h 29 m 08 s Spica mit 39° 12′
um 8 h 29 m 56 s Pollux mit 19° 14′
um 8 h 31 m 44 s Regulus mit 38° 18′
Schiffsort?

3. Gegißter Schiffsort von *Rik* am 31. 3. 77 ist 40° 02′ N und 60° 09′ W. Um 22 h 52 m 11 s UT1 wird der Jupiter mit 39° 24′ gemessen. Anschließend gelingt es noch, Kochab um 22 h 54 m 20 s UT1 mit 33° 16′ und Rigel um 22 h 55 m 42 s UT1 mit 32° 16′ zu messen. Wo ist *Rik?*

XXIV. Unterschiede gegenüber Sonnenstandlinien mit H.O. 249

Planeten

a) Gb – immer negativ

b) Bildpunktlänge:
Neben „Zuwachs" ist auch die „Verbesserung" (Vb) für den „Unterschied" (Unt) hinzuzuzählen (bei der Venus in ganz seltenen Fällen auch abzuziehen). Sonst keine Unterschiede gegenüber der Sonne.

Fixsterne mit „selected stars"

a) Gb = immer negativ

b) Declination interessiert nicht

c) Bildpunktlänge des Frühlingspunktes: Wie bei Sonne, aber richtige Spalte in der Schalttafel benutzen!

d) LHA ähnlich wie bei Sonne

e) Tafelausgänge: Hc und Azimut sind bereits fertig.

f) Zeichnen der Standlinie wie bei Sonne, aber Berichtigung für das Jahr mit Tafel 5 notwendig.

Mond

a) Gb
Hier müssen berücksichtigt werden: Oberrand, Unterrand (wie bei Sonne), Augeshöhe (wie bei Sonne), HP.

b) Declination
Sie muß mit Hilfe von „Unt" in der Schalttafel bei der entsprechenden Minutenseite verbessert werden. Die Verbesserung muß hinzugezählt *oder* abgezogen werden.

c) Bildpunktlänge
Wie bei „Planeten" muß neben dem „Zuwachs" auch die „Verbesserung" für den „Unterschied" *immer* hinzugezählt werden (richtige Spalte in der Schalttafel wählen!). Sonst keine Unterschiede gegenüber der Sonne.

Antworten zu Seite 96:

1. 40° 08′ N, 62° 49′ W

2. 39° 46′ N, 176° 37′ E (letzte Messung war fehlerhaft, oder falschen Stern erwischt)

3. 40° 04′ N, 60° 22′ W

XXV. Nachwort

Der Leser, der sich bis hierher durchgeackert und durchgerungen hat, besitzt nun das nötige geistige Rüstzeug, um astronomisch navigieren zu können. Er möge sich aber seiner Fähigkeiten nicht allzu sicher sein. Seekrankheit, rauhe See und nicht zuletzt Leichtsinnsfehler vermögen eine allzu große Selbstsicherheit schnell zu zerstören.

Die Genauigkeit beim Messen läßt sich nur durch Üben steigern. Ruhig nehme man den Sextanten auch bei gutem Wetter zur Hand und schieße des öfteren ein paar Sonnenhöhen, um die Zuverlässigkeit seiner Messungen zu überprüfen (Seite 74). Bei unsicheren Sichtverhältnissen stehe man seinen Messungen äußerst skeptisch gegenüber. Es gibt eine Reihe von Navigatoren, die der Meinung sind, man könne auch nachts den Horizont so gut ausmachen, daß Sternenmessungen möglich sind. Sie raten hierzu, den Sextanten ohne Fernrohr zu benutzen („beide Augen offen!"). Bernard Moitessier schwört zum Beispiel auf diese Methode. Ich habe des öfteren versucht, Sterne in der Nacht zu messen. Die Kimm konnte ich dabei jeweils nur so undeutlich erahnen, daß mir eine Standlinie aus einer solchen Messung zu gefährlich schien. Möglicherweise hat Bernard wesentlich bessere Augen als ich. Ich möchte deshalb keineswegs behaupten, daß es sich hier um eine unbrauchbare Methode handelt. Ich muß nur zu dem Schluß kommen, daß sie sich für mich persönlich nicht eignet. Nachdem es sicher eine Reihe von Seglern gibt, die auch keine besseren Augen als ich besitzen, dürfte diese Methode für jene ebenfalls ungeeignet sein. Gleichgültig, wie hoch man seine Fähigkeiten einschätzt, in jedem Fall müssen solche Messungen in der Praxis vielfach erprobt werden, bevor man sie im Ernstfall anwendet.

Und das ist überhaupt ein Rat, den ich jedem – ob Anfänger oder „Könner" – geben kann: Niemals darf man sich bei seiner Navigation vollkommen sicher sein. Wenn Zweifel schweigen, gibt es keine Chance mehr, einen immer möglichen Fehler zu entdecken.

Die 10 „beliebtesten" Fehlerquellen

1. An erster Stelle: Kopfrechnen.

2. Unsaubere Schreibweise. Man gewöhne sich beispielsweise an, statt „7" „7̶" zu schreiben (Verwechslung mit „1").

3. Winkelminuten werden falsch aus den Tafeln entnommen. Z. B.: Statt „0,4′ " wird „04′ " geschrieben.

4. Im N.J. werden falsche Spalten benutzt: Statt „Mond" die Spalte für „Sonne, Planeten" o. ä. Dies passiert sowohl vorne im N.J. als auch in der Schalttafel.

5. In der H.O.249 wird die Seite „CONTRARY NAME" statt „SAME NAME" benutzt – oder umgekehrt.

6. Der ganzgradige LHA wird im Kopf ausgerechnet und beim Zeichnen dann der gegißte Schiffsort statt der Rechenort benutzt.

7. Die Gb wird vergessen.

8. Ein Rechenort wird für mehrere Standlinien benutzt; zu jeder Standlinie gehört immer ein eigener Rechenort.

9. Bei mehreren Sternstandlinien ändert sich der LHA unmerklich. Auf richtige Zeile in den „SELECTED STARS" achten!

10. Unsauberes Zeichnen – immer mit Bleistift (Nr. 2) *und* Spitzer arbeiten. Je größer der Unterschied zwischen Hc und berichtigtem Sextantwinkel, desto wichtiger ist die Genauigkeit.

XXVI. Schema Sonnenstandlinie mit H.O. 249 oder Mittagsbreite (Nordhälfte)

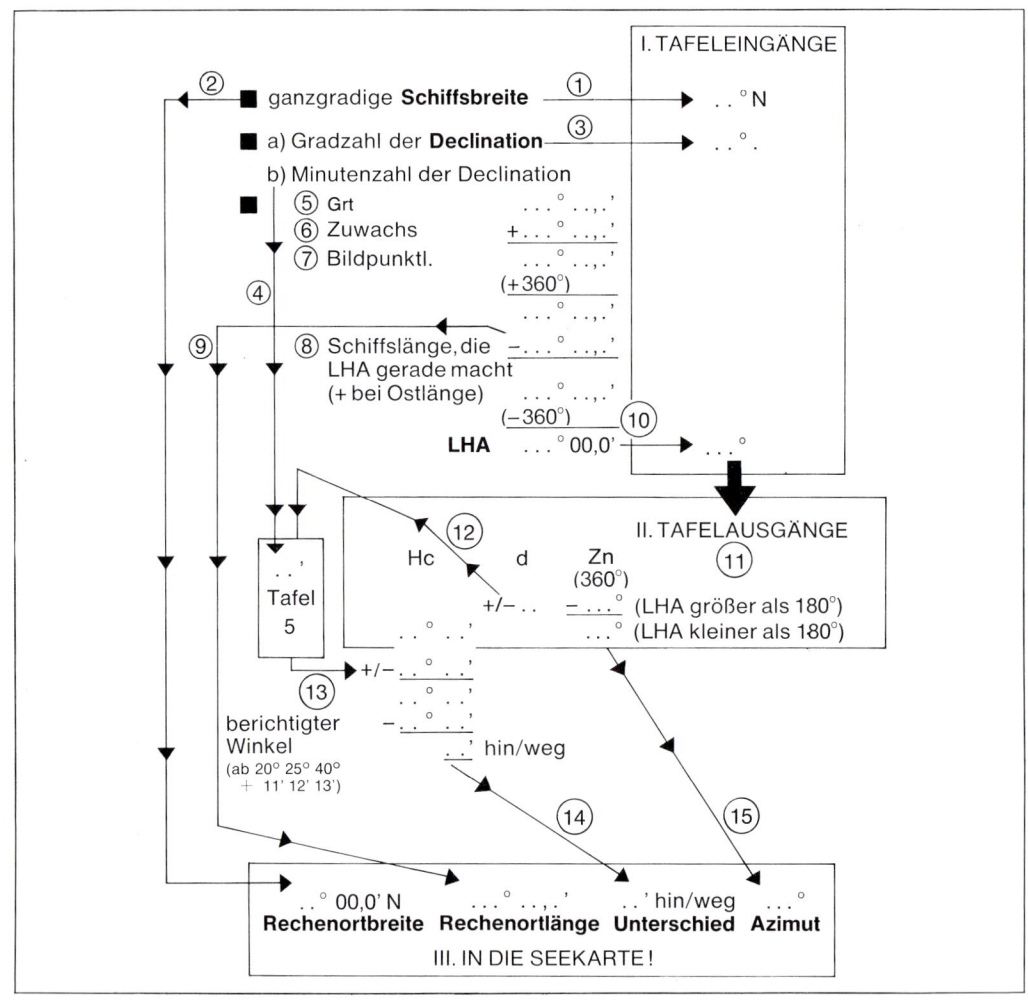

Schema für Mittagsbreite in unseren Gewässern (Ost-, Nordsee und Mittelmeer) während der Segelsaison (21. März bis 22. September):

				89° 60′
Declination			+	. . °. . ′ N
berichtigter Winkel: ab 20° 25° 40°			—	. . °. . ′
+ 11′ + 12′ + 13′				
				. . °. . ′ N
			=	Schiffsbreite

XXVII. Übungen

1. Die Yacht *Optiki* befindet sich am 11. 6. 77 ungefähr auf 39° 10′ N, 7° 18′ E. Bei leichten Winden läuft sie rechtweisend 260° mit 1,5 kn.
   a) Wann ist Zeit für die Mittagshöhe?
   Um 10 h 30 m 12 s UT1 wird der Sonnenunterrand mit 67° 50′ gemessen. Die Mittagshöhe zeigt später am Sextanten 73° 38′. Anschließend wird die Sonne um 12 h 31 m 05 s UT1 nochmals mit 67° 50′ gemessen.
   b) Mittagsbreite?
   c) Mittagslänge?

2. Die *Stormvogel* befindet sich am 12. 6. 77 auf ungefähr 40° 19′ N und 7° 32′ E. Um 7 h 30 m 12 s UT1 wird der Mondoberrand mit 59° 42′ gemessen. Um 7 h 31 m 55 s UT1 ergibt eine Messung des Sonnenunterrandes 37° 29′. Schiffsort?

3. *Kuan Yin* segelt am 11. 6. 77 auf ca. 40° 05′ N und 7° 20′ E. Als Skipper Roger die Venus mit 41° 38′ mißt, ruft er Sheila zu: „Stop!" Sie setzt die Stoppuhr am Navigationstisch daraufhin in Gang. Nachdem Roger den Sextanten weggepackt hat, drückt er auf die Stoppuhr, als die Navigationsuhr, die täglich mit Radiozeichen überprüft wird, gerade 5 h 33 m 00 s UT1 zeigt. Auf der Stoppuhr liest Roger dann 01 m 35 s ab. *Kuan Yin* segelt rechtweisend auf 300° und mit 5 kn weiter. Gegen 11 Uhr soll die Sonne gemessen werden.

   a) Gegißter Schiffsort um 11 Uhr?
   Um 10 h 55 m 30 s wird der Sonnenunterrand mit 70° 53′ gemessen.
   b) Schiffsort?

4. Am 1. 4. 77 steht *Mary* auf ungefähr 40° 08′ N und 7° 20′ E. Folgende drei Fixsterne können geschossen werden.
   Um 18 h 52 m 12 s UT1: Kochab 35° 16′
   Um 18 h 53 m 50 s UT1: Regulus 51° 00′
   Um 18 h 55 m 10 s UT1: Aldebaran 38° 59′
   Wo ist *Mary* genau?

5. Am 12. 6. 77 segelt *Taboo* auf einem rechtweisenden Kurs von 230° mit 5 kn. Gegißter Schiffsort ist 40° 10′ N und 13° 20′ W. Die Sonne wird an ihrem höchsten Punkt mit 72° 42′ gemessen. Nachmittags um 15 h 31 m 10 s wird die Sonne mit nochmals 52° 33′ gemessen.
   Wo steht *Taboo* jetzt?

Antworten:

1. a) 11 h 30 m
   b) 39° 15′ N
   c) 7° 13,4′ E
2. 40° 22′ N, 7° 34′ E

3. a) 40° 19′ N, 6° 49′ E
   b) 40° 19,5′ N, 6° 50,5′ E
4. 40° 07′ N, 7° 27′ E
5. 40° 07′ N, 13° 22′ W

Wo steht was?

Wichtiger als die
Sterne zu kennen ist
es für den Sportschiffer,
etwas über das Wetter
zu wissen, weil man
davon mehr oder we-
niger direkt abhängig ist.

Diese drei Bücher
haben Wind und Wetter
zum Thema:

Zu beziehen über jede Buchhandlung

Delius Klasing Verlag
Bielefeld

Dieter Karnetzki
Das Wetter von morgen

Eine gut verständliche Anleitung, alle Hilfsmittel der Wettervorhersage auszunutzen
und richtig zu deuten. Außerdem bietet der
Autor je eine meteorologische Revierkunde
für Nordsee, Ostsee und Mittelmeer. 186 Seiten mit 60 meist farbigen Fotos und 133 meist
farbigen Zeichnungen, gebunden DM 36,–

Alan Watts
Seglers Windfibel

Alles über den Wind sagt dieses Buch, wie er
entsteht, wo er herkommt, wie er sich verhält
über See, über Küsten und Land, tagsüber
und nachts, in den Bergen, bei Gewitter und
vieles mehr. Ausgangspunkt sind anschauli-
che Zeichnungen, in denen der Autor die An-
triebskraft des Segelbootes gewissermaßen
sichtbar macht. 96 Seiten mit 185 Zeichnungen, gebunden DM 14,80

Alan Watts
Wolken und Wetter

Dieses Buch zeigt, wie man die Wolken als
Hilfe bei der kurzfristigen Wettervorhersage
benutzt. An Hand von 24 farbigen Wolkentafeln erklärt der Autor, was sich aus dem Bild
der Wolken, ihren Formen und Bewegungen
und aus ihrer Höhe für die Wetterentwicklung
ablesen läßt. Ein interessantes und nütz-
liches Thema für jeden, der vom Wetter nicht
überrascht werden möchte. 64 Seiten mit 24
farbigen Wolkentafeln und 3 Zeichnungen,
gebunden DM 14,80

Preisänderungen vorbehalten!